인생을 성공으로 이끄는

사과의 기술

김농주 지음

가림출판사

사과는 기술이다. 사과는 전략이다. 사과는 심리 샤워를 통해서 가능하다. 자신의 오류를 인정하라. 서로의 관계를 승리로 이끌기 위함이다. 가정에서, 직장에서 미안하다는 말 한마디만 하면 될 일을 두고 주춤거린다. 이것은 본인에게도, 상대에게도 손해 되는 일이다. "미안하다."는 이 한마디를 못 하는 한국인들이 많다. 명분을 중시하는 문화 때문인지 한국인들은 사과에 익숙지 못하다. 하지만 이제는 "미안하다."는 말을 함부로 하는 상황을 만들면 안 된다. 현대는 글로벌 스탠더드 사회이다. 오류를 찾으면 바로 "미안하다."라고 말하자.

대중가요 가사 속에 "미안 미안해"라는 가사도 있지만 아직도 우리의 입과 표정은 굳어 있다.

가능한 상대에게 폐를 끼치지 않아야 한다. 하지만 비즈니스에서는 남에게 결례를 하고 싶지 않은 자신의 진심에도 불구하고 오류가 발생한다. 전화가 왔는데 답신 전화를 못 한 경우, 안부편지를 받고도 답장을 못 한 경우가 그런 예들이다.

비즈니스에서 거래처에 납품 약속을 못 지킨 경우가 생긴다면 "I'm sorry."라고 말해야 한다. 이런 말 한마디가 서로의 관계를 좋게 만들기도 한다. "죄송합니다." 한마디가 사람의 마음을 풀어 주기도 한다. 이런 말을 안 함으로써 서로의 사이가 벌어진다. "그 친구, 미안합니다라는 말을 안 해서 탈이야. 분명히 자기 때문에 생긴 일인데 그런단 말이야."

이제 이런 욕은 안 먹어도 된다. 먹지 말아야 할 욕이다.

사과에는 기술이 있다.

이권이 부딪치는 비즈니스 현장에서는 조그만 오만이 보다 큰 문제를 일으킬 수 있음을 알아야 한다. 오만은 작은 오류 앞에서도 사과하는 태도로부터 해소될 수 있다.

일터에서 미안함의 요소들은 곳곳에 존재한다. 당신은 보이는 미안함에 대해 어떻게 사과할 것인가? 당신은 보이지 않는 상대적 미안함에 대해 어떻게 사과할 것인가? 미안함의 여건에 따라 사과 표현의 기술은 다르다.

우리는 다양한 유형의 사람들을 만난다. 이렇게 다양한 유형의 사람들을 만나면서 일해야 하는 현대인들에게 효율성을 안겨주는 사과의 기술은 없는가? 이런 다양한 여건 속에서 자존심을 유지하면서 효과적으로 미안함을 표현할 테크닉은 없는가?

가정에서, 직장에서, 세상에서 파생되는 미안함은 우리가 맞이하게 될 숙명적인 환경이다.

사과의 기술은 이런 숙명적인 환경에 맞부딪쳤을 때 문제를 풀어갈 지혜를 말한다. 전략적 접근을 이야기하고, 사과의 지혜를 말하며, 사과 후의 애프터 서비스를 전하고 있다. 사과의 기술은 현대인들에게 필요한 필수 비타민 같은 것인지도 모른다.

감성적 눈빛으로, 낯설기 기술로, 비언어적 테크닉으로, 언어적 구성으로, 몸짓으로, 뉴 페이스(new face)로 사과하라. 그렇게 하면 당신은 당신의 생활에서, 일에서 새로운 힘과 지혜를 얻게 되는 존재로 거듭날 수 있다.

사과 심리 샤워를 맛보러 여행을 시작한다. 이 여행을 할 수 있게 도와주신 여러분들에게 감사 드린다. 아울러 이 여행을 위해서 이 책을 준비하면서 심리적으로 부담을 드린 분들도 있다. 이 분들에게 심리적으로 부담을 드려 미안하다는 말씀을 드리고 싶다.

2003년 12월

김 농 주

차 례

c o n t e n t s

중심 언어를 설파하라

01

삶에 밀착된 3박자 변명

02

사과 행태는 다양하다

03

01

중심 언어를 설파하라. 주변 언어가 아니다.
오류 앞에서, 모순 앞에서, 잘못 앞에서 '미안하다'는 말은 중심
언어이다. 일터에서, 가정에서 사람이 서로 어울리면 미안하다
는 말을 하게 하는 환경을 파생시키게 된다. 하물며 이익을 두
고, 가치를 두고 서로 다투는 이면에서 생기는 서운함은 크다.

중심 언어를 설파하라

01

자기 오류를 인정하라. 그러면 더욱 큰 인간이 될 수 있다.

그래서 미안함은 중심적인 언어이다. 주변의 언어가 아니다. 여러분의 내면을 돌아 보라. 근거 없는 말로 다른 사람의 마음을 아프게 했던 일이 하루에도 여러 번 반복되는 자아를 발견할 수 있지 않는가?

코기토를 강화하라

01

자의식을 강화하라. 그리하다 보면 더욱 양심에 충실해질 수 있다. 자의식을 강화하라. 그리하다 보면 더욱 자신의 진면목에 가까워질 수 있다

새벽 같은 맑음으로 세상을 경영하기 위해서 작은 것이라도 자기 모순을 발견하자. 이를 위해서는 코기토를 강화하는 일이 필요하다.

모든 생각하는 주체의 자의식(自意識)을 코기토(cogito)라고 한다. 자의식이 강할수록 자기 오류를 잘 인정한다. 따라서 코기토를 강화하면 사과하는 습관을 더 잘 기를 수 있다.

코기토를 강화하라. 자의식을 강하게 갖는 사람이 성공한다. 이런 사람은 자기 오류를 먼저 인정하려는 경향이 강하다. 한편으로 자의식이 강한 개인은 피곤하다. 스

스로 스트레스를 받는 경향이 강하다.

　세상의 이치를 예민하게 평가하라. 자의식이 강한 사람들은 그런 성향을 유지한다. 그런 성향 속에서 자아를 깨닫는다. 때문에 자기 모순을 잘 찾는다. 남들이 말하지 않아도 자기 오류를 열심히 찾는다. 이렇게 자의식이 강한 존재가 되면 오류가 적은 인생을 만들 수 있다.

　좋은 시민이 되기 위해서는 강한 자의식이 필요하다. 자의식을 갈고 다듬는 훈련을 하라. 그리하다 보면 여러분은 섬기는 태도로 사람을 대할 수 있다. 섬기는 태도로 삶을 견지하는 데는 자의식이 필요하다. 진정성이 높은 자의식으로 일하라. 그러다 보면 미안함의 표징을 적절히 표현하면서 일하게 될 것이다. 자영업이든 직장에서의 일이든 자의식이 요청되는 상황이 무르익어 가고 있다. 이해의 충돌이 첨예화되는 전문가 시대에 이런 태도가 더욱 요구된다.

　밀도 있는 심리를 활용하라. 그렇게 하려면 쉬운 용어를 선택해 사용하라. 그리고 가능한 한 직접 사과하라. 사과는 초기에 해야 한다. 그렇게 함으로써 더 큰 오해를 받지 않도록 해야 한다. 밀도 있는 사과 심리를 활용하라. 숱한 좌절과 실패를 극복할 마음가짐으로 사과하라. 세상에 흙탕물을 안 묻히고 지내는 사람은 거의 없다는 점을 의식하라. 하지만 그것이 사소한 일이라면 감수할 태세로 사과를 하라. 이런 심리만 염두에 두면 밀도 있는 사과 심리를 발휘할 수 있다.

밀도 있는 사과 심리가 여러 면에서 필요하다. 밀도 있는 사과 심리를 위해서는 항상 자기를 들여다 봐야 한다.

우리는 일터에서 여러 장면을 보게 된다. 그것이 회사 발전을 위한 것이라도 서로 감정이 상할 수도 있음을 유의하자.

우리는 생활 속에서 세미나를 많이 한다. 회사의 성장을 위한 세미나는 회사의 주요 일과 중의 하나이다. 하지만 대표이사가 참석한 자리에서 기존의 성과를 놓고 발표를 하다보면 미묘한 경쟁심이 드러나기도 한다.

"지난번 토론에서 지나친 저의 발언을 사과 드립니다. 모두 저의 사심에 의한 것이긴 했습니다. 하지만 회사의 저성과 시스템을 고성과 시스템으로 변화시키기 위한 저의 공익(公益) 의식이 내면에 존재한 것도 이해해 주시기 바랍니다." 하고 미안함을 표현하라.

이렇게 말하는 사람은 코기토가 강한 사람이다. 코기토가 강한 사람이라서 자기 발언의 문제점을 제대로 인식한 것이다.

잠재의식적인 오해에 대하여도 사과하고 넘어가는 것이 더 좋은 경우가 있다. 세미나에서 기존 시스템을 심하게 비판한 사원의 경우가 그런 예이다. 이사가 만든 성과시스템에 대하여 회의를 하고 난 후, 사원이 이사에게 위와 같은 자기 표현을 해보라.

잠재적으로 이사는 오해를 했을 수 있다. 회사를 제대로 파악하지 못한 사원에 대하여 이사가 잠재적으로 거리를 두려는 순간에 있었다면 이런 언급은 오해를 풀어줄 것이다.

개인은 내면으로부터 지속적으로 균형자 역할을 요구받는다. 내면 속의 균형자 역할을 해주는 것은 오류를 인정하는 태도에서 생겨난다. 내면의 균형자 역할을 잘하면 개인적으로 지속적인 성장을 해갈 수 있다.

코기토를 강화하라. 그렇게 하면 경우 바른 사람이 된다.
경우 바른 사람은 오류를 최소화시키면서 일할 수 있다.

오류를 순수하게 인정하라

02

"발을 밟아서 …. 이거 밀리다 보니 그렇습니다. 제 책임은 아닙니다만 이것 …."

과연 성공적인 사과 표현인가? 별로 성공적인 표현은 아니다. 자기 책임은 아닌데 사과하게 되어서 억울하다는 말이다.

"이것 미안합니다. 제가 발을 밟았습니다." 이런 솔직 담백한 사과가 적합하다.

기분파적인 이야기가 타인의 영역을 심하게 훼손하는 경우는 없는가를 찾아보라. 개인은 모순을 많이 가지고 있는 존재이다. 성인은 없다. 일터에서 만나는 사람들 사이에 성인은 없다. 그래서 미안함이 여러 곳에서 생겨난다. 이런 상황은 미안함이란 말을 중심 언어가 되게 한다.

세상에 완전한 인간은 존재하지 않는다. 이 말을 인정

하는 것은 성숙해지는 지름길이다. 자기에게도 오류가 존재한다는 점을 인정하라. 그리하면 여러분의 일터는 더욱 분위기가 밝아질 것이다.

좋은 매너는 자기 오류를 인정하는 태도로부터 나온다. 자기 오류를 인정하는 사람은 얼굴 표정이 밝다. 오류를 쌓아 두지 않기 때문이다. 자기 모순과의 싸움을 시작하라. 그러다 보면 여러분은 개혁되어 갈 것이다. 스스로의 모순과 싸워라. 자기 모순과 싸우는 사람은 다른 사람에게 더욱 관대하다. 자기 모순과 싸우지 않는 사람은 다른 사람에게 더욱 완고한 태도를 보일 수 있다. 자기 모순을 찾아내라. 그리고 사과하라. 자기 모순과 싸움을 자청하라. 그러면 하루에도 몇 번씩 "미안합니다."란 말을 하게 될 것이다. 일터에서는 이익을 위해서 노력하는 경우가 가치를 위해서 노력하는 일보다 많다. 그래서 이기심이 생긴다. 이기심을 억제하라. 이기심을 컨트롤하라. 정당한 이기심은 필요하지만 타인의 이익을 훼손하면서까지 자기 이익, 자기 소속 집단의 이익을 추구하지는 말라. 그런 경우가 있다면 "미안합니다."라고 사과하

라. 그리고 다시는 그런 행태를 하지 않도록 노력하라. 하지만 사람은 다시 그런 오류를 행하는 경우가 있다. 오류를 행하지 않도록 예방하라. 하지만 자기 오류에 들어가면 바로 오류를 인정하라. 오류를 인정하는 태도는 성숙한 인격으로 가는 길이다. 일한다는 것은 인격과의 만남이다. 자기의 좋은 인격을 위해서 노력하는 과정에서 일이 이루어진다.

바람이 부는 날 뜰을 거닐다가 이름 모를 꽃을 본다. 이런 이름 모를 꽃도 밟아서는 안 된다. 꽃들이 말을 못 해서 그렇지 사람이 부주의로 밟으면 꽃들도 아파한다. 꽃이 아파하기 전에 밟지 말자. 하지만 부주의로 이런 이름 모를 꽃을 밟고 지나갔다고 하자. 그러면 "꽃아, 미안하다. 내 미처 네가 아파할 줄 몰랐다. 다시는 안 밟을게."라고 사과하자.

이렇게 하면 여러분의 내면 어딘가에 자리잡고 있는 이기심을 극복하게 될 것이다. 또한 여러분의 내면 어딘가에 자리잡고 있는 인간 우월주의의 폐해를 이겨내게 될 것이다. 이렇게 하면 언젠가는 여러분의 마음속에 있는 전쟁심리의 편린을 극복하게 될 것이다. 마음속에 있는 조그마한 완력의 찌꺼기를 버려라. 그러기 위해서는 "미안합니다."란 말을 습관화하라.

잘못을 스스로 말하는 것을 사과(謝過)라고 한다. 이 사과를 잘할 줄 안다는 것은 쉬운 일이 아니다. 그렇다고 사과를 자주 하라는 말은 더욱 아니다.

순수하게 사과를 하는 습관을 길러라. 그렇다고 해서 사과를 생활화하라는 말은 아니다. 언행을 함부로 하고, 화를 막 낸 후 사과를 남발하라는 말은 더더욱 아니다.

데카르트적인 회의를 하라

:

03

자기 과찬(過讚)은 사람들에게 거부감을 준다.

"제가 평소에는 이렇게 늦게 오지 않았는데 이것 오늘은 예외입니다." 은근히 자기 과찬형 변명을 한다. 성공적인가? 아니다.

자기 과찬은 사람들에게 미안함을 표현하는 기법으로 좋은 것은 아니다.

"이것 미안합니다. 제가 늦장을 부리다 보니 늦었습니다." 하고 자기 게으름의 오류를 인정하며 사과하라.

카네기는 "하고 있는 일에 게으르지 말라."고 말한다.

사과의 빈도 분포를 주목하라.

이런 자기 컨트롤을 위해서는 데카르트적인 회의를 하라. 자기 대화를 하라는 것이다. 사과의 습관을 들이되 먼저 사과할 일을 최소화하라. 하지만 사과하는 것을 겸 연쩍어 하지는 말라.

자기 언행에 대하여 데카르트적인 회의를 하라. 그 결과 최소한의 불확실성만 발견해도 그 의견표현을 스스로의 내부로부터 거부하라. 때로는 사물의 원리를 사물 자체보다 더 진지하게 생각하는 근본적인 회의를 통해서 진중하게 언행을 하라. 이것이 데카르트적인 회의의 태도이다. 하지만 그래도 오류라고 생각되는 언행이 있으면 스스로 사과하라. 이것이 일에서, 개인 생활에서 성공에 이르는 길이다.

사과의 습관을 기르는 사람은 성취를 롱런(long run) 할 수 있다. 사과의 습관을 기르지 못하면 장애물을 넘어서지 못하는 개인에 머물 수 있음에 유의하라.

'저항적 체질은 누구에게나 있다. 미안함을 표현하는 습관을 기르면 저항적 체질을 리더적 체질로 바꿔갈 수 있다.' 는 메시지를 기억하라.

감정을 조율하라

04

감정 조율을 통한 조화를 추구하라. 사과의 언행으로 무슨 말을 할까? 그것은 인간의 선택 사항이다. 하지만 사과의 국면에 선 사람이 무슨 말을 선택하는 가는 그 사람의 인품과 비즈니스 환경의 품질을 좌우한다.

때문에 사과를 하게 될 때는 항상 조율하라. 감정을 조율하고 말을 조율하라. 미안함을 나타내는 언어를 활용하라. 그러면 여러분 내면에 있는 저항적 체질의 편린을 다스릴 수 있다.

저항적 체질이 다 나쁘다는 말은 아니다. 필요한 경우도 있다. 하지만 저항적 체질은 이익을 훼손할 수도 있다. 자기 이익을 훼손할 수 있는 저항적 체질을 조율하라. 그리하다 보면 여러분은 아름다운 열매를 수확할 수 있다. 가정에서, 일터에서, 친구 사이에서 아름다운 열매를 바란다면 조율하라. 언어 조율을 하라.

감정 조율을 위하여

일터에서 감정을 조율하라.

감정을 조율해야
열정적으로 일할 수 있다.

감정을 조율해야
신나게 일할 수 있다.

감정 조율을 제대로 하고 싶다면
인간은 부족한 존재라는 것을 인정하라.
감정 조율을 하려면 자기도 미흡한 인간이라는 인정을 하라.

일터에선 감정 조율이 필요하다. 감정 조율을 해야
하나 되어 일하게 된다.

송구함을 일으키지 말라.

하지만 인간이 모이는 곳에서는 송구함이 항상 있게 마련이다.

이 점을 주목하라.

이 점을 생각해서 행하라.

서로간에 송구함을 말하라.

서로간의 송구함을 인정하면 감정 조율이 된다.

감정 조율을 통해서

좋은 관계를 가지면

서로간의 분위기가 좋아진다.

조율의 아름다움을 위해서는

서로간의 미숙함을 인정하라.

자기가 정당하다고 하면

감정 조율은 멀어진다.

자기만 옳다고 하면

감정적인 거리가 더 멀어질 수 있다.

목소리 톤은 낮추지 말라

05

사과를 한다고 분위기를 깔면 서로의 사이가 더욱 멀어질 수 있다. 사과를 하되 목소리를 밝게 해서 하라. 그렇다고 큰 목소리로 사과하라는 말은 아니다. 분위기를 밝게 사과하라. 맑고 깨끗한 목소리로, 밝은 기운으로 미안함을 표현하여 겸양의 태도를 보여라. "불가피하게 귀하에게 불편을 끼친 점을 사과합니다." 이렇게 말하라. 그렇게 한다고 해서 자기가 저열해지는 것은 아니다. 오류를 인정하는 것은 자기를 들여다 보는 시간을 갖는다는 것을 말한다. 예를 들어 덜 익은 고구마를 판 경우, 손님에게 "미안합니다. 다 익은 줄 알았습니다. 잘 익은 고구마로 바꿔드리겠습니다." 이렇게 사과하라.

이렇게 하면 손님은 이 사람이 돈만을 위해서 군고구마를 파는 사람이 아니구나 하고 생각할 것이다.

앞의 예에서 든 군고구마 장사꾼은 성공의 씨알이 보인다. 소위 싹수가 파랗다고 할 수 있다. 우리 속담에 "그놈 싹수가 노랗다."라는 말이 있다. 여기서의 '싹수'는 미래의 성공 가능성이다. 노랗다는 표현은 비전이 없다는 뜻이다. 다시 말해서 성공 가능성이 없다는 말이다. 이와 반대로 파랗다는 표현은 성공 가능성이 높다는 뜻이다. 예에서처럼 자기 오류를 인정한 군고구마 장사꾼은 언젠가는 비즈니스적으로 크게 성공할 수 있는 바탕을 갖췄다. 이 사람은 언젠가는 더 큰 일을 하고 있을 것이다. 그렇다고 군고구마 장사가 가치가 작다는 의미는 아니다. 이 사람이 비즈니스에서 이루는 성취의 폭과 깊이가 더 깊어질 것이라는 말이다

사과는 새 출발을 의미한다. 그러므로 사과를 할 때 분위기를 깔면 서로간에 어색해질 수 있다. 분위기를 어색하지 않게 하려면 목소리를 약간 높여라. 그렇게 하면 사과의 진실을 상대에게 잘 전달할 수 있다.
건물의 출입문을 열고 들어서는데 뒤에 사람이 뒤따라

오는 것을 미처 보지 못했다. 문이 닫히는 순간 뒷사람의 몸에 부딪혔다. 이때 여러분은 "죄송합니다." 하는가, 아니면 그냥 지나치는가?

이런 상황에서 만약 그냥 지나친다면 여러분의 사과지수(index of apology)는 형편없이 낮은 지수이다.

목소리를 높여서 사과하라. 자기 주장을 목소리 높여서 일하라. 보이스 업(voice up) 해서 일하라. '보이스 업 해서 사과하라'. 이 말이 사회생활에서 성공하는 키워드이다. 자기 자신에게 귀를 기울여라. 자기가 진정으로 원하는 일을 하라. 이것은 메시지이다. 자신이 원하는 일을 하는 사람은 목소리를 높일 수 있다. '기가 비트'가 움직이는 디지털 세상에서 목소리를 높여 일하는 것이 좋다. 개성이 담긴 자기 목소리를 높여라. 보이스 업 하라. 이렇게 하면 파워가 길러지게 된다. 일도 보이스 업 해서 하고, 사과도 보이스 업 해서 하라.

보이스 업 하여 사과하면 인생을 풍부하게 만들어 주는 힘을 얻을 수 있다.

보이스 업 해서 일하라. 그리고 일하는 중에 사과할 일이 있다면 변함없이 보이스 업 해서 사과하라.

안시현 선수가 19세의 나이로 골프대회에서 우승할 수 있었던 것은 골프를 하면서 자기 의견을 보이스 업 해서 일한 결과이다.

지미 카터 씨가 79세의 나이에도 불구하고 역사소설을 집필한 것은 즐기듯 일한 태도를 가졌기 때문에 가능한 일이었다.

보이스 업 해서 일하라. 사과를 할 때도 보이스 업 하라. 톤을 낮추지 말라. 평상시 대로 말하라.

자기 인생을 통해서 보이스 업 해서 사과하려면 먼저 자신이 사과해야 할 내용을 정확하게 정하라. 하지만 이렇게 하기는 생각보다 쉽지 않다. 그 자체가 추상성을 가지고 있는 데다 자신에게 원인이 있기 때문이다. 정확하게 자기 오류를 찾아낼 수 있는 사람이 될 수 있다면 그 사람은 자기 일에서 상당한 위상에 오른 존재라고 할 수 있다.

소시오메트리 방법을 이용하라

06

칼국수 집에서 있었던 일이다.

"조개에 돌이 있다고요. 뭐, 가끔 있는 일입니다. 알아서 골라 드세요."

주인의 이런 말은 사과성 표현이 아니다.

"조개를 씻느라고 씻었는데 덜 씻은 게 있었군요. 죄송합니다."

차라리 이렇게 말을 하는 것이 낫다.

소시오메트리 방법(sociometry method)이 무엇인가부터 알아보자.

소시오메트리 방법은 한 집단의 구조를 이해하기 위해 어떤 주제를 제시한다. 그리고 그 문제에 대하여 서로 잘 아는 성원들의 개인간의 반발, 융화 정도를 측정하는 방법을 말한다.

보이스 업 해서 사과할 때 이런 소시오메트리 방법을 활용하라. 소시오메트리 방법을 위해서는 소시오메트리 관찰을 수시로 하라. 사과 대상에 대한 소시오메트리스 방법론적인 접근도 시도하라.

소시오메트리 관찰을 통해서 사과할 일을 체크하라. 그리고 보다 예절 바른 사람이 되자. 다시 말해서 사과를 함으로써 먼저 오류를 없애고 예절 바른 사람으로 거듭 나자는 뜻이다. 이렇게 되면 자아가 좁은 시야를 지닌 존재에서 넓은 시야를 지닌 존재로 달라진다.

허구와 싸워라

07

이미지의 허구를 분석하라. 사과를 하면 이미지의 허구와 싸울 수 있다. 진실하기 위해서 순수한 사과의 매너를 발휘하자.

자기 이미지의 허구와 싸워가라. 이것이 자기 오류를 최소화하는 길이다.

보이는 외면과 다른 자아의 내면을 스스로 비판하라. 매시간 자기가 자기를 비판하는 일을 하다보면 여러분 자신은 성숙해지게 된다.

보여지는 것과 보여지지 않은 것 사이의 허구를 찾아야 한다. 괴리를 파악하는 일이 비즈니스, 인간 관계에서 성취를 이루는 기초가 될 것이다.

여성 특유의 솔직함으로, 남성 특유의 우직함으로 자기 이미지의 허구를 발견하여 혁파해야 한다. 이것이 여러분의 진실을 고양시키는 길이다.

인간 자존심을 분석해야 한다. 이것이 이미지의 허구와 싸우는 길이요, 성공으로 가는 지름길이다. 사람들은 자존심을 지키기 위해서 매시간 노력한다. 자존심을 지키면 그 일을 통해서 정서적인 만족감을 얻게 된다. 사람이 스트레스를 받으면 화를 내는 이유는 자존심이 상했기 때문이다. 인간의 자존심을 분석하는 일이 현대 사회에서 성취를 이루는 기초 요소이다.

인간의 '멘탈 모델(mental model)'을 생각하라. 멘탈 모델은 사람들이 세상을 보는 심정의 표정이다. 이 멘탈 모델을 통해서 사람들은 타인을 보고 세상을 본다. 자기가 한 언행이 타인의 멘탈 모델에 어떻게 투영되는가를 살펴보자. 직장에서, 가정에서, 학교에서 여러분이 하는 언행을 살펴보자. 혹시 나 이외의 존재들에게 불편을 준 적은 없는가?

타인의 자존심을 다치게 한 적은 없는가 자신을 돌아보자. 그리고 사과를 함으로써 얻을 수 있는 것이 무엇인가를 생각하라.

세상의 일에는 서로 간에 구성 요소가 있다. 그리고 구성 요소간에는 상호의존성이 높다. 상호의존성은 환류한다. 이런 환류시스템을 분석하는 것을 체제 분석이라 한다. 체제 분석(system analysis)이란 바로 그런 것이다. 자존심의 체제 분석을 시도하라. 그 사람의 자존심을 구성하고 있는 것이 무엇인가를 파악해보자. 이렇게 하면 개인의 자존심을 알 수 있다. 강한 자존심을 가진 개인이 사과의 올바른 태도를 지닐 수 있다.

사과를 함으로써 얻을 수 있는 열매는 많다. 그 중 한 가지가 자기 자존심이다. 가령 화장실에서 사람들에게 떠밀려 다른 사람과 심하게 부딪쳤다고 하자.

"미안합니다."라고 바로 사과하라. 그렇지 않으면 자기 자존심이 손상당할 수도 있다. 사과를 하지 않는 습관은 결코 바람직하지 않다. 자기의 잘못을 인정하려 하지 않는 사람은 타인으로부터 인정받기 어렵다. 상대방에게 다가가라. 그러기 위해서는 자기의 오류를 인정해야 할 때는 정확하게 인정할 줄 알아야 한다. 자존심을 지키려면 사과하는 습관부터 체질화하라.

이미지 허구와의 싸움을 통해서 마음을 깨끗하게 하기 위해서는 어떻게 해야 할까?

첫째, 상대방에게 진심을 담은 마음으로 다가가는 사과의 태도를 배워야 한다. 예를 들어 모 기업인의 탈세가 문제가 되었다고 하자. 그 기업의 경영자가 가장 먼저 해야 할 일은 국민들에게 사과하는 것이다. 이 문제를 두고 세금 추징분을 납부하면 된다는 식의 태도로는 그 기업의 이미지를 다시 되살리기는 어렵다. 그러므로 국민이라는 상대방에게 다가가야 한다.

사과하는 태도는 빨리 습관화할수록 좋다. 이 세상 문제의 상당 부분은 자기의 오류가 명백한데도 이를 스스로 인정하지 않으려는 태도에서 생겨난다. 스스로의 오류를 인정하기 위해서는 상대방의 마음을 이해하고 다가가라. 상대방이 원하는 것은 자기의 오류를 인정하는 마음의 자세이다.

둘째, 필요할 때는 각색하지 말고, 있는 그대로 즉시

사과하는 습관을 길러라. 사과를 적절하게 하기 위해서는 서둘지 말고 타이밍을 조절하라. 적절한 타이밍에, 상황에 맞는 언어를 선택하여 사과를 할 때 사과의 진정함이 잘 전달될 수 있는 것이다. 방송중 화면이 고르지 못한 경우가 있었다고 하자. 이 경우 프로그램 진행자는 방송 도중이라도 사과를 하고 지나가는 것이 좋다. 그렇게 함으로써 시청자들에게 제대로 된 예의를 갖추는 것이 된다. 만약 이 경우 "화면이 고르지 못한 점 사과드립니다."라는 멘트 없이 방송이 끝났다고 가정해보자. 그냥 그렇게 상황이 마무리될 수도 있다. 하지만 이 경우는 그 방송국의 이미지를 훼손시킬 수도 있다. "그 방송국은 송출시설이 안 좋은가봐.", "그 방송국은 흐린 화면을 내보내는데 이골이 났나봐." 식의 말이 사람들 사이에 떠돌 수도 있다.

셋째, 언어 선택은 직접 하라. 모방하지 말라. 자기의 마음을 담기 위해서는 자기 언어로 해야 한다. 자기 언어로 말하는 습관을 길러라. 이것이 사과를 효율적으로 할 줄 아는 습관을 기르는데 도움이 된다. 자기의 진심이 담긴 언어 선택의 습관은 청년기부터 길러라. 그렇게 하면 사회에 진출한 후에도 여러 가지 노하우를 쌓는 데 도움이 된다.

매일의 일과를 되돌아 보라.

한두 가지의 오류가 있을 것이다. 그런데 사과하지 않고 지나친 경우가 있을 것이다. 사무실이 15층에 있다고 가정해보자. 그런데 지하철이 연착되어서 지각을 하게 될 것 같다. 현관문을 막 통과하는 순간 엘리베이터의 문이 닫히려고 한다. 이때 손을 들어 같이 올라가자는 신호를 보낸다. 사람들이 올라가려고 하다가 기다려 준다. 이 상황에서 당신은 어떻게 할 것인가? 그냥 엘리베이터를 타고서 올라갈 것인가? 아니다. 청아한 목소리로 "미안합니다."란 말을 하라. 그러면 사람들은 마음속으로 흐뭇하게 생각할 지도 모른다.

자존심, 일과 분석을 통해서 자신의 이미지 허구와 싸워라. 그것이 겸양의 마음을 가지고 일에 임하는 방법이 될 것이다.

바게이닝 파워를 발휘하라

:

08

"저의 애완견 '봉우'가 대변을 봐서 미안합니다." 이런 식으로 자신의 미안함을 표현하는 사람들이 있다. 백화점 안이라면 이런 상황은 분위기를 더욱 미묘하게 만든다. 이런 표현은 효과적인 사과 표현인가?

아니다.

말을 더 다듬자.

"저의 애완견이 응가를 해서 죄송합니다. 주의한다고 했습니다만 좀더 주의하도록 하겠습니다."

바게이닝 파워가 포함된 비즈니스가 많다. 일 속에서 사람들은 매일 헤엄친다. 노는 물이 달라도 헤엄치기는 매일반이다. 이런 물, 저런 물이 있다. 물에서는 파워가 중요하다.

'협상에서 힘의 관계'를 바게이닝 파워(bargaining power)라고 한다. 바게이닝 파워는 개인과 조직간, 개인과 개인간에 존재한다. 또한 조직과 조직간, 국가와 국가간에도 존재한다.

바게이닝 파워는 명쾌한 관계 상태에서 더 강해지는 속성이 있다. 한 국가가 다른 국가를 침략한 일이 있다고 하자. 이때 침략자는 명쾌하게 사과해야 한다. 그렇지 않으면 침략자는 바게이닝 파워를 더 강하게 유지하기 힘들다. 적어도 지난 세월의 역사적 잘못을 사과하지 않고는 더욱 힘들다.

이런 측면에서 본다면 적절한 사과는 개인간에도 바게이닝 파워를 향상시킬 수 있다.

바게이닝 파워를 향상시키려면 일터에서, 일터 밖에서 명쾌하게 오류를 사과하라. 사과가 실패할 경우를 두려워하지 말라.

미안함을 표현하면

타인의 정서와 통할 수 있다.

미안함을 표현하면

남과 내가 만날 수 있다.

미안하면 말하라.

미안하면 표현하라.

미안함을 제대로 표현하면

부족한 인간임을 알게 된다.

하여 스스로 자중자애할 줄 알게 된다.

미안함을 표현하면

자기를 향한 새로운 약진을 시작할 수 있다.

우리가 서로 막히는 것은 미안한 일을 하고도

뭉개기 때문이다.

우리가 서로 막히는 것은

미안한 일을 하고도

이를 인정하지 않기 때문이다.

통하려면 미안함을 표현하라.

일터에서 통하려면 서로 서로 미안함을

표현하라.

통하여야 한다.

통하려면

미안함을 서로 말하라.

노는 물이 달라도 서로 통하게 하라.

노는 물이 달라도

미안한 일이 있으면

서로 말하기를 더디 하지 말라.

사과의 실패를 두려워하지 말라

09

사과의 실패를 두려워하지 않는 사람은 역량이 성장하는 하는 속도가 다르다.

사과 실패를 두려워해서는 안 된다. 사과 실패를 두려워하면 사과를 하지 못하는 사람이 된다. 그러면 자신의 역량이 성장하는 기세가 약화될 수 있다.

사과를 할 때는 항상 수학적인 계산을 하고 사과하라. 사과의 실패를 두려워하지 말고 일하다가 사과할 일이 생기면 사과하라. 실패를 두려워하지 않는 사람은 사과하기도 두려워하지 않는다.

실패를 두려워하면 비약적인 성장을 할 수 없다. 일에서도, 인간 관계에서도 마찬가지다. 비약적인 성장을 하지 못하면 개인적으로 롱런 하면서 일하기는 어렵다. 롱런 하려면 사과의 실력을 향상시켜 가면서 일해야 한다.

그러려면 여러 가지를 도전해야 한다. 작은 실패를 두려워하지 말고 맞서라. 그러면 다른 사람과 구별되는 능력을 기를 수 있다. 리스크란 상황에서 힘을 발휘하여 일을 성공으로 이끄는 사람은 자신의 실력을 길러온 존재들이다. 실패를 하면 바로 사과하라. 그리고 더 잘해 보겠다는 다짐을 스스로에게 하라.

에디슨은 여러 번의 실패를 경험한 후에 전구를 발견했다. 자기에게 끊임없이 사과하면서 탐구를 지속해서 빛을 발명했다. 사과는 남에게만 하는 것은 아니다. 자기에게도 사과하라. 자기 내면에게도 사과하라. 자기 내면에게 사과하면 자기 내면이 더 강화된다. 스스로에게 빚지지 말고 추동력을 갖고 일에 임하기 위해서 에디슨은 자기의 작은 시도가 실패할 때마다 자신에게 사과를 했다. 이것이 그가 인류에게 전구라는 것을 선물하게 된 배경이다. 일에서 성공하려면 실패를 두려워해서는 안 된다. 하지만 작은 실패들은 자기 내면에서 지속적으로 사과하면서 전진하라. 사과는 자기 자신에게 카타르시스와 같은 역할을 한다.

사과의 실패를 두려워하지 말고 일하라.

사과의 성공을 추구하라. 이를 위해서는 사과의 성공에 대한 집념을 길러가야 한다. 개념이 명백한 언어구사를 하라. 상대방이 알아들을 수 있는 용어를 사용해 사과하라. 아무리 사과를 해도 상대방이 이해하지 못하는 사과를 하면 효과가 반감된다. 이해력 높은 사과의 언어를 구사하라. 그렇게 하지 않으면 사과의 영향력이 생겨날 수 없다. 사과의 영향력은 화해이다. 화해를 통해서 개인 간, 조직간, 국가 간의 유대감은 넓어질 수 있다.

사과 내용을 평가하라

10

"저의 우산에 물기가 있는 줄도 모르고 책상에 올린 점 미안합니다."

이런 표현은 부족하다.

"주의한다고 했습니다만 제가 부주의해서 선생님의 책상에 물기를 묻혔습니다. 죄송합니다. 제 손수건으로 닦아 드리겠습니다." 이 정도는 되어야 한다.

사과 내용을 평가하라. 제대로 된 사과인가를 스스로 평가해야 한다. 그렇게 함으로써 사과하는 능력이 늘도록 다듬어야 한다.

사과 내용을 제대로 평가하려면 사회의 종적 · 횡적 구조를 잘 들여다봐야 한다. 사람의 얼굴은 그 존재의 정체성이다.

횡적 구조, 종적 구조를 다 들여다보자. 한 면만 보지 말자.

일터에서 횡적 구조를 보라. 대등한 여건에서 미안함이 담겨 있는 경우가 있다. 종적 구조를 보라. 서로간의 서운함이 깊어가는 경우도 있다. 때문에 성공적인 직업인이 되려면 종적·횡적 구조를 동시에 들여다보라. 그렇게 하면 삶의 범위가 확장된다. 이렇게 하면 부족함을 발견하고 균형추를 유지할 역량이 함양된다. 오류 앞에서는 미안한 마음을 유지하라. 그러면 장기적으로 자기 경쟁력을 더 확장할 수 있다. 만족감으로만 생활하는 사람보다 오류 앞에서 미안한 마음으로 생활하는 사람이 더 성장할 가능성이 크다.

얼굴은 현대인의 자기 정체성이다. 오류 앞에서 얼굴에 미안한 마음을 나타내면 항상 겸손의 자세로 일할 수 있다. 횡적 구조와 종적 구조를 동시에 돌아보라. 혼자 진보하기보다 공동체에서 자양분을 얻어라.

자기의 사과 내용을 평가하라. 상대방의 입장에서 생각해 보라. 이것이 공동체에서 자양분을 더 얻는 방법이다. 그리고 적합한 사과 내용이 아니면 바로 추가 수정을 하라. 추가 수정은 사과의 과정에서 가끔씩 필요한 일이기도 하다. 자신의 사과 내용을 평가하지 않으면 사과 과정에서 새로운 오류에 빠질지도 모른다. 일터에서 항상 이 점을 유의해야 한다. 적합한 사과인가를 보라. 추가 사과가 필요한 지를 보라.

사과 내용의 평가는 사과의 핵심 주제와 맞는지를 보라. 사오정식 사과는 해서는 안 된다. 번지수가 틀린 것 같은 사오정식 사과는 상대와의 관계를 더 멀어지게 할 수 있다.

자기 완고성을 혁신하라

11

자기 완고성을 혁신하라. 자신의 방식이 반드시 옳다고 만 보지 말라. 세상에 절대적인 진리는 많지 않다. 개인이 처신하는 방법은 상대적인 성격을 더 많이 갖고 있다.

완고성 척도를 재보라. 그 결과 지나치게 자기만이 옳다 는 고집을 완고하게 갖고 있다면 그 사람은 완고성 척도가 높은 사람이다. 완고성 척도를 완화하라. 자기가 하는 일 의 방식보다 더 나은 방식이 있을 수 있음을 인정하라.

완고성을 완화했다고 해도 사과 후에 의욕이 상실되지 않게 하라. 사과한 다음에 의욕을 상실하는 사람들을 종 종 본다. 이런 상황을 보고 사람들은 사과하기를 꺼린다. 사과는 힘을 얻기 위해서 하는 것이다. 사과를 하는 사람 은 그 다음에 추가 로드 맵을 준비해야 한다. 필요할 때 마다 추가 로드 맵을 준비해야 한다. 마음을 더욱 활력 있게 할 로드 맵을 준비한 다음 사과하라. 의욕을 상실하지 않는 사과를 하기 위해서 무엇을 할 것인가?

첫째, 질문에 대한 대답을 왜곡된 인식으로 경직되게 했다면 바로 수정하라. 하지만 큰 틀에서 벗어난 대답이 아니면 수정할 필요는 없다.

기자회견에서 일본 정치인들의 일본의 역사에 대한 인식이 종종 문제가 된다. "한국의 개방에 한일 합방이 도움이 되었다."는 식의 왜곡 발언을 한 사람이 있었다. 이 사람은 즉시 사과를 해야 옳았다. 그런데 아직도 사과를 안 한다. 기자의 예상치 못한 질문에 대한 답변 과정에서 이런 대답이 나왔다고 해도 그렇다.

한국인들은 궐기대회를 열고 공식 항의를 한다. 그래도 이 사람은 사과를 안 한다. 이것은 일본의 국가 이미지를 훼손시키는 태도이다. 이 정치인은 사과해야 한다. 잘못된 답변은 바로 사과해야 한다. 이것이 일본을 위해서나 본인을 위해서도 좋다. 잘못된 답변에 사과하지 않는 개인은 훌륭하게 성장할 수 없다. 국가도 마찬가지이다. 잘못된 의견을 피력한 국가 기관의 운영자들은 잘못 발언한 것을 인정하면 바로 사과해야 한다. 그래야 그 국가 이미지가 훼손되지 않을 수 있다. 바로 잘못을 인정하고 사과해야 풀이 안 꺾일 수 있다.

둘째, 사과를 할 때는 구체적으로 왜곡된 부분의 잘못을 적시해야 한다. 그리고 그 부분에 한해서만 사과해야 한다. 사과를 포괄적으로 하면 항의 분위기가 가라앉지 않을 수 있다. 만약 깜박 잊고 핸드폰을 안 끄고 회의에 참석했을 때 핸드폰이 울린다면 "죄송합니다. 제가 진동으로 해둔다는 것이 그만 깜박했습니다." 등으로 잘못을 적시하라. 잘못한 부분에 대하여만 사과하라.

사과를 하되 한정 사과의 방법을 권한다. 그래야 자존심을 다치지 않고 의욕을 상실하지 않으며 일할 수 있다.

신 가에루 운동을 펼치자

12

"제 오토바이가 매연을 뿌려서 미안합니다."

이런 사과 표현은 성공적인 사과 표현일까?

"정비를 했는데도 매연이 나와서 죄송합니다. 다시 한 번 정비해서 다시는 매연이 안 나오게 하겠습니다. 주변의 공기를 오염시킨 것에 대해 거듭 사과 드립니다."

이 정도는 되어야 성공적인 사과 표현이 아닐까? 예문에서처럼 오류를 적시하라.

가(變える)에루는 일본말이다. 우리말로는 '바꾸다' 란 뜻을 가지고 있다.

신 가에루 운동이란 '서서히 태도를 바꿔가는 운동' 을 말한다. '자기부터 변화하는 운동이 신 가에루 운동이다.'

완고한 태도를 바꿔 가라. 자신이 가지고 있는 완고한

부분을 찾아라. 그리고 구조의 모순을 탐색하라.

하마나카 고이치라는 사람이 있다. 이 사람은 주식회사 일본 스펀의 CEO였다. 그는 1973년 오일 쇼크가 발생하자 이 운동을 전개했다. 회사의 경영, 체질, 고객에 대한 응대 기술을 서서히 바꾸어 갔다. 작은 오류에 사과를 잘하는 매너로 직원들을 바꾸어 갔다. 또한 축산, 전자 로켓 부품, 신금속 소재를 다루는 회사로 회사의 업종을 바꾸어 갔다.

가에루 운동은 개인의 변화를 통한 회사의 변화로 이어져 갔다. 결국 이 회사는 시대 변화에 잘 적응하여 발전할 수 있었다.

사과를 습관화하려면 신 가에루 운동 같은 것을 자신의 일터에서 시작하라. 그리고 서서히 변화해 가라. 사람이 갑자기 변할 수는 없다. 생각과 태도를 바꿔서 오류에 대해 사과를 잘하는 인재로의 성장을 시도하라.

겸양의 힘

마음속에서 자비를 가지라. 하면 얼굴이 온화할 것이다.

왜곡된 역사 의식에 미안함을 가지라.

하면 얼굴이 밝아질 것이다.

오류의 찌꺼기를 흘려보내라.

방법은 송구함의 자기 표현을 통해서 하라.

얼굴은 사람의 정체성의 표징이다. 마음속에서 사과를 잘하게

끔 자기 혁신을 하라. 하면 얼굴이 평화로울 것이다.

부족함이 발견되면 바로 미안함을 가지라.

얼굴에 화색이 돌 것이다.

자기 잘못을 그냥 두지 말라. 자기 잘못을 두면 냄새가 난다.

오류를 털어 내라. 미안함의 자기 표현을 통해서 하라.

한 나라의 인접 국가에 대한 진정한 영향력은

겸양에서 온다.

진정한 파워란

자기 오류 인정에서 온다.

자기의 오류를 찾아 나서자.

하여 겸양의 태도로 짠 옷을 입자.

잘못이 있으면 바로 인정하자.

이것이 더 큰 오류를 막는 길이다.

진정한 파워는 겸양의 옷에서

온다.

사과는 상대방에게 통해야 한다

13

상대방에게 통하는 사과를 하라. 미안함의 자기 표현은 상대에게 통해야 한다.

세상 속 양지에서의 부추김은 황홀하게 만든다. 하지만 이런 분위기에 만취해서는 안 된다. 음지에서의 억압이 올 수 있다. 이것이 세상이다.

이런 음지에서의 억압을 예방하려면 일 속에서 긴밀한 협력 체제를 갖추어야 한다. 긴밀한 협력 체제는 자기가 한 일의 완벽성을 주장하지 않는 데서 생겨난다. 잘한 일에도 오류는 있다. 이런 오류에는 미안한 마음을 가져야 한다. 그렇게 하면 서로 보다 긴밀한 협력 체제를 유지해 갈 수 있다.

이렇게 하면 상호간의 리스크를 조정할 수 있다. 그렇게 함으로써 상호간의 순이익률을 향상시킬 수 있다.

상대방에게 통하는 사과를 하라. 사과는 상대방에게 받아들여져야 한다. 그래야 사과 후에 모든 관계가 원만해질 수 있다. 일에서, 집에서 사과를 할 일은 있기 마련이다. 만약 결혼기념일에 출장을 가야 하는 일이 생겼다면 전후 사정을 아내에게 말하고 사과하라. 그러면서 미리 선물을 주자. 이렇게 하는 것이 남편의 가정 리더십을 위해서 도움이 된다.

사과는 상대에게 내용이 잘 전달되어야 한다. 사과 내용이 잘 전달되는가의 여부를 사과하는 사람 본인이 체크해야 한다.

사과를 한 다음에 서로 사이가 돈독해지는 직장 동료가 있다. 이들은 서로 마음이 통하게 되어 친해진 것이다. 사과를 하되 서로 통하게 해야 한다. 〈스캔들-조선남녀상열지사〉의 주제는 조선시대 남녀간의 사랑이다. 여기서 "통하였느냐?"란 말이 나온다. 통한다는 것은 서로에게 유익할 수도 있다. 사과를 통해서 오해했던 것이 풀리는 것을 체험할 수 있어야 한다. 상대방을 의식하라. 상대방에게 통하는 사과를 하라. 서로간에 오해를 풀기 위해서 사과를 하라. 서로 통하게 사과해야 한다. 상대방에게 진심으로 비춰지는 사과를 해야 한다. 진심으로 비춰지는 사과를 하지 않으면 오해의 골은 더 깊어진다. 서로가 오해하는 부분이 너무 오래 가면 안 된다. 사과하라. 사과는 의지적인 것이다. 역사에 대한 사과를 할 필요가 있다면 사과해야 한다. 권력의 힘으로 인권을 탄압한 경우에는 위정자들이 국민들에게 사과해야 한다. 이것은 국민에 대한 사과이다. 잘못된 역사에 대한 사과이다.

회사란 조직에서의 억압 구조의 모순을 인정하면 CEO는 즉시 사과해야 한다. 그래야 직원들이 새로운 기운으로 회사의 목적을 위해서 마음을 합쳐 노력할 수 있다.

사과를 하되 상대를 항상 의식하라. 상대를 의식하지 않는 사과는 허공에다 노래하는 것과 같다. 상대를 철저히 의식하라.

도서관에서 핸드폰을 진동상태로 하지 않아 소음이 발생한 경우, 이때는 가볍게 고개를 숙여 사과하라. 그것은 예의이다. 그리고 상대에 대한 배려이다. 언어적 사과가 필요 없는 경우이다.

적절한 시기에 미안하다는 말을 못 하면 서로간에 오해가 쌓인다.

미안함을 표현하는 습관을 가지면 스스로 행동을 제어하는 힘을 지니게 된다. 그래서 예부터 많이 알고 배울수록 겸손하라고 가르친 것이다.

어느 신문에서 여성을 비하하는 기사를 게재했다고 가정해 보자. 이에 여성 단체에서 신문사에 사과하라고 요구한다면 신문사는 즉시 사과해야 한다. 여성을 비하하는 기사를 실은 것은 편집 오류이다. 평등 사회에서 공기로서의 신문이 그랬다면 마땅히 사과해야 한다. 이 경우도 상대에게 통하는 사과를 해야 한다.

사과는 명확하게 하라

:

14

"제가 전깃불을 안 꺼서 회사가 전기료를 더 많이 내게
되었습니다."

이런 표현은 사과 표현으로는 무난한 편이다. 하지만
너무 자학적인 면이 있다. 그렇다면 성공적인 사과 표현
이 되려면 어떤 표현이 더 필요할까?

"저의 잘못된 습관으로 전기 스위치를 안 내렸습니다.
다시는 그런 일이 없도록 하겠습니다. 미안합니다." 이
정도가 무난하지 않겠는가? 너무 자학적인 표현은 오히
려 상대방에게 부담이 될 수도 있다.

사과는 간결체로 해야 한다. 그래야 더 설득력 있는 사
과가 된다.

만약 오류가 있다면 유감을 명확하게 표현할 줄 알아
야 한다. 명료한 유감 표명을 통해서 자기 오류를 인정하

고 들어가라.

일에서 성취도가 낮을 때 자책하는 마음을 지닐 수 있다. 이 경우 원인을 찾아라. 그리고 자기 오류가 있다면 명확하게 유감 표명을 하라. 작은 일이라도 좋다. "제가 불민해서 목표 달성이 더디어질 것 같습니다."라고 하면 팀원들의 마음은 많이 누그러진다. 그 결과 스스로 역동성을 회복하는 전기를 만들어 갈 수 있다.

모순을 사과하라

서로를 보라. 서로에게 모순이 없는가를
사람은 모순덩어리
하여 서로 자기 모순을 명확히 고백하라.

일터에서 이익을 향해 달려 가다 보면 더 큰 모순이 생긴다.
하여 모순을 매일 매시간 경계하라.

진정한 땀에 의한 것이라도 그 속에서는 모순이 생길 수 있

다. 하물며 진정한 땀에 의한 것이 아니면 모순은 더욱 커질

수 있다.

이를 막으려면 명확히 자기 고백을 하라.

서로를 보라. 남을 탓하기 전에 자기를 탓하라.

내 탓이오를 외쳐라. 하면 역동성은 되살아난다.

내 탓이오를 외쳐라. 자기의 주인은 자기다.

자기의 모순은 자기가 만든 것이다. 내 탓이오를 외쳐라.

하면 평화가 온다.

자기의 모순 구조는

남의 탓이 아니다.

더 들여다보라. 명확히 내 탓이 더 크다.

명확히 내 탓임을 인정하라.

그래야 위대한 자아를 새로이 만들 수 있다.

진실과 제휴하라

15

일 속에서 진실과 제휴하라. 그리하면 당신은 강해진 다. 강해지고 싶다면 진실과 만날 준비를 하라.

"모순은 자기의 내면에서 나온다. 자기의 내면을 보라. 과장에 더 가까이 가려 하고 있지 않는가? 과장에 가까 이 가려는 마음을 멈추게 하라. 지금까지의 과장을 사과 하라. 그러면 당신은 진실과 제휴할 수 있다."

진실과 제휴하려면 모순을 사과하라. 그러면 진실로 가는 길이 열린다.

만약 모순을 사과하지 않는다면 당신은 진실로 가는 길에서 폐쇄된 상황으로 들어갈 수밖에 없다.

동기와 가치의 내면을 들여다보라. 자기가 동의하는 동 기와 가치를 추구하라. 백마 탄 왕자, 공주의 이미지에 너 무 오래 머물러서는 안 된다. 미안함의 언어를 인색하게 활용할 마음으로 갈 수밖에 없기 때문이다. 진실과 제휴하라. 진실을 가까이 하라. 껍데기를 벗기 위해 노력하라. 그것은 자기 모순을 인정하는데서 시작된다.

"지난번에 못 보고 그냥 지나친 것 미안합니다. 제가 시력이 안 좋았나 봅니다."

길에서 아는 사람을 못 보고 그냥 지나쳤을 때 하는 말이다. 이런 말을 하라. 그러면 보다 진심으로 상대방에게 다가갈 수 있다. 복잡하고 역동적인 현대 사회에서 목표를 성취하려면 진실과 항상 제휴해야 한다.

개방성이 높은 직장인이 성공하는 세상이 온다. 개방성은 어느 누구와도 대화하고 자문을 받는 태도이다. 반대로 폐쇄성은 자신을 열지 않고, 새로운 정보를 접하지 않는 태도이다. 여러분은 어떤 직장인이 되고 싶은가? 아마도 개방성이 높은 존재가 되기를 희망할 것이다. 그렇다면 모순 앞에서 사과의 컨셉을 숙지하고 행하라. 사과를 남발하라는 말은 아니다. 하지만 사과를 해야 할 때는 하라. 우리 속담에 "말 한 마디에 천냥 빚도 갚는다."

는 말이 있다. 이것은 사과를 가르치는 말이다. 사과의 말 한마디가 직장의 분위기를, 일터의 분위기를 부드럽게 만든다. 일터에서 사과하는 것을 습관화하라. 일터에서 복도를 서로 오가다가 몸을 부딪히는 경우 먼저 "죄송합니다."라는 말을 하라. 그러면 서로 웃고 상황을 마무리지을 수 있다. 그러나 이 경우 서로 상대방이 잘못했다고 생각해서 말을 안 한다면 분위기는 가라앉고 만다. 사과를 안 하면 상대방에 대하여 오해의 벽이 높아진다. 그 결과 그 사람과의 사이에 보이지 않는 거리가 생긴다. 이 거리가 생기면 자기도 모르게 폐쇄적인 상황에 빠질 수 있는 리스크가 있다. 고립당하지 않도록 하기 위해서도 사과를 해야 할 경우는 작은 오류도 사과해야 한다.

"미안합니다."를 잘 못 하는 기업의 CEO가 될 생각을 해서는 안 된다. 자기의 위치가 올라갈수록 "미안합니다."를 적절히 말할 수 있어야 한다.

연말에 회사 사정상 직원들에게 조촐한 회식 자리를 마련해 줄 수밖에 없었다고 가정해 보자. 이때 팀장이나 사장은 회식 자리에서 "여러분, 미안합니다. 사정이 좋다면 더 좋은 자리에 모셔야 되는데, 미안하게 되었습니다. 그래도 기분 좋은 시간을 가집시다." 라고 말해 보자.

사과 멘트이지만 불만을 해소하는 효과, 겸손한 상사라는 이미지를 직원들에게 심어 주게 될 것이다.

사과를 싣고 가는 마차

마차가 간다
겸손을 싣고서

마차가 달린다
사과의 바구니를 담고서

지난 세월의 이끼 속에 끼인
미안함의 덩어리들을 싣고서
마차는 달리려 한다.

마차의 마부는 말해야 한다.

"저의 지난 불민을 용서해 주세요."

"제가 덕이 부족해서 생긴 일입니다."라고.

말하라.

하면 사람들은 이해할 것이다.

마차는 달려간다. 신천지를 향해서 달린다.

진실을 향해서 간다.

마부는 과장된 마음을 버린다.

마차는 간다.

지난날의 아쉬움을 남기고 세월의 마차는 달린다.

거기 담긴 바구니에는

사과의 기술이 담겨 있다.

우열 순서에 집착하지 말아라

16

　기존의 사회적 우열 순서(pecking order)에 집착하지 말아라. 사과할 일이 있다면 아랫사람에게도, 윗사람에게도 하라. 인간을 서로 동등한 관계로 보고 사과하라.

　복종 지배의 위계적 관계가 공동체, 군집, 무리에 등장하는데 이런 현상을 '우열 순서'라고 한다.

　우열 순서는 모순된 것이다. '모든 사람은 대등하다'는 생각으로 사회생활을 해야 한다. 조직이 일시적으로 그런 지위를 준 것뿐이다.

　우열 순서의 본질을 이해해야 한다. 그리고 그 이해의 바탕 위에서 사과를 해야 한다. 조선시대에는 머슴과 주인 사이에 우열 순서가 분명했다. 이런 관계에서 사과는 우열 순서를 기준으로 각기 다른 행태로 이뤄졌다. 당시의 양반들은 종에게 사과하는 일은 상상도 하지 못했다.

하지만 이제 세상이 달라졌다.

우열 순서에 집착해서 사과해서는 안 된다. 윗사람에게도, 아랫사람에게도 사과를 할 수 있어야 한다.

"어젯밤의 귀하의 초청에 응하지 못한 것은 다른 클라이언트와의 회의가 하루 전에 정해졌기 때문입니다. 미안합니다."

이런 정도의 사과는 할 수 있는 CEO가 되어야 한다. CEO가 직원의 초청에 응하지 못한 후 사과를 하지 않으면 서로 간에 거리가 생길 수 있다.

오류가 명백한데도 침묵의 마스크를 쓰고 있어서는 안 된다.

침묵의 마스크는 벗어야 한다. 침묵의 마스크는 오해를 불러온다. 사소한 한마디에 사람들은 마음을 연다. 획일화되고 안정적인 상황을 지향하는 계급구조에 안주해서는 안 된다. 상대에게 다가가서 말하라. "제가 성의가 부족해서 전화도 못 드린 것을 이해하십시오." 하면 상대방은 이해하고 넘어갈 것이다. 고객 중심의 마인드는 바로 사소한 한마디 진실한 사과의 표현이 만들어 낸다.

가치와 공동목표를 발견하고 그 테두리에서 말하라. 그러면 상대는 당신을 자기 가족처럼 여길 것이다.

언어의 무흠결성에 도전하라

17

단체장들이 총선에 출마하면서 국회의원이 되기를 희
망한다. 하지만 주민들에게는 미안한 일이다. 이 경우 무
엇을 먼저 해야 할까?

"본인은 더욱 여러분의 지지를 받아서 이번에 국회의
원 후보로 나섭니다. 미안합니다."

이렇게만 말한다면 주민들에게 욕을 먹게 된다.

"여러분의 지지로 시장이 되어 일하다가, 임기중 이번
에 부득불 총선 출마를 하게 된 점 죄송합니다." 정도면
위의 사과문보다 더 설득력 있게 들릴 지도 모른다. 하지
만 무슨 변명으로도 설득은 어렵다. 사과를 해도 시장직
을 수행하다가 총선 출마를 위해서 중도에 이기적인 선
택을 한 자기의 오류는 덮어지지 않는다.

미안함의 표현에서 모욕적 언사를 피하라. 이렇게 하

려면 사과의 국면에서 감정을 철저히 배제하라.

그리고 단어를 선택해서 활용하라. 그것이 사과 후유증을 최소화하는 길과 통한다. 단어 선택에 신중을 기하라. 단어 선택의 무흠결성에 도전하라.

"受人之侮라도 不動 於色하라."는 말이 있다. 이 말은 "남으로부터 일시적으로 모욕을 당해도 얼굴빛을 바꾸지 말라."는 말이다.

직장생활을 하다보면 남의 약점을 잘 찾아서 말하는 사람도 있다. 좋은 사람도 있는 반면에 이런 사람도 있다. 하지만 이런 사람의 모욕에 일일이 얼굴 표정이 바뀌어서는 안 된다. 담담함으로 대처하라. 이런 말을 한 사람이 사과할 때까지 기다려라.

예를 들어 귀고리를 하고 다니는 남자 A가 있다고 하자. 그렇다고 A가 일을 못 하는 것은 아니다. 외모를 보고 선입견을 가질 필요는 없다.

그런데 같은 직장에서 A가 귀고리를 하고 있다는 사실을 시비 거는 사람이 있다. 그래도 A는 표정 하나 안 변하고 담담히 자기 일을 한다. 마침내 시비를 건 사람이

"미안하다."고 한다. 직장에서는 마침내 A의 능력을 인정한다.

당당하게 직장이나 일에 대처하라.

미안한 마음을 표현할 때는 단어를 잘 선택해서 말해야 한다. 말 한마디가 몇 배의 대가를 치르는 결과를 낳기도 한다.

말의 무흠결성에 도전하는 것이 인생이란 길에서 성공을 만드는 지름길이 된다.

당당하게 일하려면 미안함을 표현하는 과정에서 언어 선택의 무흠결성을 위해서 노력하라. 그렇게 하면 서로 간의 관계가 원만해질 수 있다. 감정을 자제하며 자기 컨트롤을 하라. 그리고 자기 컨트롤을 통해서 진보하라.

진보하기 위해서는 말의 흠결을 최소화하라.

"콩 심은 데 콩 나고, 팥 심은 데 팥 난다."는 우리 속담을 기억하자. 자기가 거두는 열매는 자신이 뿌리고 가꾼 씨앗의 결과물이다. 언어 선택의 용량을 강화시키다 보면 서로가 진보한다.

괴테는 자신이 만나는 사람들에게 좋은 말을 해주었다

고 한다. '칭찬의 말을 건네면서 헤어진다'는 것이 괴테의 생활태도였다. 그 결과 그도, 그를 만난 사람도 서로 기분 좋게 만나고, 이야기를 나누는 중에 좋은 아이디어를 얻을 수 있었다.

사과를 기다릴 수도 있어야 한다

세상은 물 흐르듯 순리적으로만 전개되는 곳은 아니다. 따라서 때로는 모욕을 당하더라도 상대가 자신의 오류를 인정하고 사과할 때까지 기다려라. 이것이 당신의 마음의 그릇을 키워 줄 것이다.

모욕적인 언행을 하는 사람과는 맞상대하지 말라. 맞상대하면 당신도 같은 인격의 사람밖에 안 된다. 그러므로 상대가 자기 모순을 스스로 인정할 때까지 기다려라.

언젠가는 상대가 당신에게 사과를 할 때가 올 것이다. 대수롭지 않게 넘겨라. 이것이 더 차원 높은 태도이다.

언어 선택의 무흠결성에 도전한다면 사과의 효과가 더 커질 것이다.

02

미안함을 표현하는 것은 기술이다. 송구스런 일이 있을 때 미안
함을 잘 표현하면 일은 잘 마무리된다.

삶에 밀착된 3박자 변명

02

변명하라. 삶에 밀착된 3박자로 변명하라.
변명이 바로 사과이다. 변명을 하는 것은 자기의 입장을 변호하는 것이다.
변명하는 데는 변명의 기술이 필요하다.

하지만 사과를 할 일에 제대로 사과를 안 하면 그 여파로 회사와
개인에 대한 안 좋은 이미지를 아홉 사람에게 퍼뜨린다.

조사설계기법을 적용하라

01

변명의 기술 가운데 하나로 조사설계기법을 권하고 싶다. 효율성 높은 사과에는 변명조사설계의 기법이 적용될 수 있다.

조사설계(research design)는 세밀한 계획을 위해서 리서치 구상을 하는 것이다. 변명 자료가 필요할 때 모아진 자료를 기초로 변명을 설계하라.

사과할 내용을 병렬적으로 제시하라. 그리고 사과할 내용을 취사 선택하라. 그것을 바탕으로 하여 사과 문안을 작성하라. 문안이 작성되면 말로 해보라. 그렇게 해봄으로써 사과의 수위와 내용을 조절하라. 이런 기법으로 사과하라. 사과하고 비판을 받을 필요는 없다.

변명조사설계기법은 경험적인 연구를 위해서 주요하게 작용하는 효과적인 변명설계기법이다.

변명을 하되 변명거리를 조사하라. 변명거리를 조사해서 그것을 중심으로 분석하라. 변명거리는 진실해야 한다. 가식이 들어가면 상대방이 알아차린다. 사과를 하는 이유는 타인과 자신을 위해서이다. 자신이 더 떳떳해지기 위해서 사과를 하는 것이다.

클라이언트와 약속을 했다. 그런데 약속시간에 늦었다. 그렇다면 "저, 죄송합니다. 변명 같습니다만 그렇게 차가 밀릴 줄 몰랐습니다." 하고 변명하라.

이런 변명이 분위기를 우호적으로 바꾸어 준다. 변명을 3박자로 해보라. 3박자 변명을 통해서 당당하게 사과하라.

세상에는 정말로 다양한 사람들이 존재한다. 이런 다양한 사람들 속에서 성공적인 인간 관계를 유지하기란 여간 힘든 일이 아니다.

타인이 자기를 욕하기 전에 자세를 낮춰라. 무성의한 사과로 인해 오히려 상대방으로부터 불필요한 욕을 먹을 필요가 없다.

상상적 청중 현상에 빠지지 말라

02

    타인의 사소한 비난에 심하게 화를 내는 사람이 있다. 자기가 타인의 초미의 관심의 대상이 된다고 생각하기 때문이다. 직장인들 중에는 이렇게 생각하는 사람이 있는데, 이런 현상을 보이는 것을 상상적 청중 현상이라고 정의한다. 이런 현상이 심해지면 히스테릭한 성격으로 변해 간다.

    상상적 청중 현상에 빠지지 않도록 하라. 그리고 사소한 비난은 그냥 지나쳐라.

    하지만 상상적 청중 현상에 빠진 상사, 동료가 있다면 항상 말을 조심해서 하라. 오류가 있으면 바로 미안함을 표현해서 서운함이 쌓이지 않도록 하라.

    상상적 청중 현상에 빠진 인간의 유형은 매우 다양하다.

두뇌형 인간이 있다. 이들에게는 사과하면서 일의 원리를 따져서 경우에 맞게 해주어라. 경우에 맞게 사과 하면 말이 없다. 하지만 경우에 안 맞으면 이메일 등으로 비난을 계속한다.

가슴형 인간이 있다. 이런 사람들에게는 "나라도 화가 났을 것입니다."라고 말해 주어라. 그렇지 않으면 사람들에게 과장된 소문을 퍼뜨린다. 상대의 화가 풀릴 수 있도록 정서적으로 영향력 있는 사과를 하라.

장대형 인간이 있다. 이들은 자기 마음에 들지 않는 사과를 하면 주먹으로 문제를 해결하려 한다. 이런 유형의 사람들에게는 토를 달지 말고 오류를 있는 그대로 인정하라. 하지만 당당한 자세로 오류를 인정하라.

세대별로 변명이 달라야 한다

03

변명도 상대방이 있다. 이들 변명 상대방을 고려하라.

세대별로 변명을 다르게 하는 것이 효과적이다. 변명을 통한 사과의 마무리 효과를 극대화시키기 위해서 세대별 변명이 필요하다.

변명을 해야 할 상대방이 20대, 30대, 40~50대, 60대 이상이라면 각각 전략을 달리해서 변명하라.

20대를 향한 변명은 쿨하게 하라.

30대를 향한 변명은 감성적으로 하라.

40~50대를 향한 변명은 논리적으로 하라.

60대 이상을 향한 변명은 경우를 따져서 하라.

세대별로 효율적인 변명 전략이 다르다. 이런 전략은 개인차에 따라 조금씩 다르게 적용해야 한다. 변명을 하되 세대별 특징을 의식해서 하라.

박자를 맞추어라. 사과에는 박자가 필요하다. 상대방이 사과의 말을 받아들일 준비시간을 주어라.

오페라 가수를 뽑는 시험에서는 연기, 안무, 보컬 능력이 세 가지 능력을 심사한다. 오페라 가수가 되기 위해서는 이 세 가지를 동시에 훈련하지 않으면 안 된다. 1970년대까지는 보컬 능력 한 가지만 갖추면 되었다. 하지만 이제 세상이 변해 세 가지를 동시에 잘해야 일의 능력을 향상시켜 줄 것이다.

세대별로 변명 수용 지수가 다르다는 사실을 명심하라. 세대별로 각각 다른 박자로 변명하라.

20~30대에는 빠른 박자로 변명하라.

40대에는 완만한 박자로 변명하라.

50~60대에는 느린 박자로 변명하라.

첫째 박자 | 핵심 내용을 빠뜨리지
말고 사과하라

04

"이번 기획안에 대하여 미흡한 점을 송구스럽게 생각합니다. 지난번에 이사님께서 지적해 주시면서 넣으라고 하신 경쟁 회사의 전략과 우리 회사의 전략 비교표를 빠뜨린 점을 특히 사과 드립니다."

변명은 핵심 내용을 포함해서 해야 한다. 상대가 듣고 싶어하는 사과를 하라. 추상적으로 사과를 해서는 안 된다. 핵심 내용을 변명해야 한다.

첫째, 적절한 사과 리듬을 선택하라. 사과내용 혁신 확산(diffusion of innovation)을 시도하라. 사과내용 혁신은 새로운 내용으로 사과하는 것을 말한다. 하지만 포괄적으로 사과하기보다는 상대가 가장 듣고 싶어하는 내용으로 사과하라. 핵심 내용을 새로운 방식으로 바꿔서 사과하라.

혁신적인 방식으로 사과하고, 사과 혁신 결과를 널리 알려라. 이런 과정을 거치면 사과의 역량이 자기 내면에서 성장한다. 적기에 사과를 잘할 줄 아는 사람은 갈등을 겪지 않고 문제를 제대로 풀어 갈 수 있다.

어느 날 3층에서 지붕 전기 공사를 하게 되었다. 공사하는 기간에 직원들이 불편할 것은 눈앞에 불을 보듯 뻔했다. 그래서 회사에서는 사과문을 게시하기로 했다.

종전처럼 "공사중이오니 양지하시기 바랍니다." 이렇게 사과문을 붙일 것인가를 생각해 본다. 하지만 이것만으로는 너무 사과가 미흡한 것 같다.

결국 사과내용 혁신 확산의 기법을 활용하기로 한다. 회의를 거쳐 사과문안을 혁신한다

"이번 2003년 12월 3일부터 2003년 12월 17일까지 3층에서 공사를 하게 된 점 말씀드립니다. 아울러 불편을 끼치게 된 점을 사과 드립니다. 특히 공사 기간중 소음과 분진이 예상되는 점 깊이 사과 드립니다. 최대한 공기를 단축해서 공사를 마무리하고자 합니다. 깊은 혜량 있으시기 바랍니다.

– 사내 영선부 일동 올림

이 문안을 인쇄해서 회사 곳곳에 공사 1주일 전부터 붙인다.

변명을 하되, 메시지를 담아 변명을 하라.

예를 들어 야만적 권력을 행사한 지도자가 있다고 가정해 보자. 그 지도자가 인권을 유린당한 사람에게 사과하는 것은 당연한 일이다.

이런 사과는 변명의 메시지를 담고 있어야 한다. 변명을 통해서 '다시는 국가 권력이 인권을 침해하지 않도록 하겠다'는 사과를 해야 한다.

가요 중에 '아이야'란 노래가 있다. 조용필이 부른 아이야와 심수봉이 부른 아이야가 있다.

이 노래들은 아이들에게 들려주고 싶은 메시지를 담고 있다.

"길을 찾아 길을 찾아가야 한다고…." 조용필은 노래한다.

길을 바로 찾으려면 불편한 환경을 만든 사람은 미안함을 항상 표현할 수 있어야 한다. 감정적 미안함이라도 표현하라.

인식 처리 과정을 거쳐라

05

"자료 미흡에 대해 사과를 드립니다."

이런 표현은 효율적인 표현이라고 할 수 있는가? 아니다. 표현에 더 진전된 내용을 담아라.

"한다고 했습니다만 자료의 미흡함이 발견되어 송구스럽습니다. 제2장 정책 분야에서 내용이 더 보완되어야함을 인식하고 있습니다."

인식 처리 과정을 거쳐라. 상대가 인식할 수 있게 사과하라. 사과의 인식 과정은 다단계 과정이므로 사람들이바로 인식하는 경우는 드물다. 특히 심각한 사과는 바로받아들이지 않는 경우가 많다.

화를 낸 상태에서는 마음이 복잡하기 때문에 그렇다. 마음을 풀어 주고 인식을 바로잡기 위해서는 더욱 인식 처리 과정을 거치는 사과를 하는 것이 필요하다. 사과를 받으려는 사람들은 분명한 한 가지 답을 원한다. 그렇지만 세상에는 여러 가지 답들이 있다. 세상이 원하는 바는 개인이 원하는 바와 많은 격차를 보일 수 있다.

2003년 11월 24일에 있었던 수능시험의 오답시비로 한동안 사회가 시끄러웠었다. 결국 한 문제에 두 개의 정답을 인정하게 되었다. 그래서 원래 한 개의 정답처리를 했을 때 얻은 점수를 2점씩 손해 보는 일이 생겨났다. 이 경우, 당연히 출제자 측에서는 수험생들에게 사과해야 한다. 사과를 한다고 해도 수험생들이나 학부모들은 바로 사과를 받아들이지 않았을 것이다. 이러한 문제를 해결하기 위해서는 사과에 대한 수용자의 인식 처리 과정이 필요하다. 왜 한 문제에 정답이 두 개인가를 인식시켜야 한다. 이런 과정을 거쳐서 진지하고 논리적인 사과를 해야 한다.

변명을 하라. 변명을 하면 사과를 할 수 있다. 단, 변명을 할 때는 진실된 변명을 하라. 둘러대지 말고 진실된 변명을 하라. 진실된 변명에는 메시지가 들어 있다. 설득의 메시지가 들어 있다. 상대방이 받아들일 수밖에 없는 이유를 말하라. 설득의 메시지를 담아서 변명하라.

변명은 시작하기가 어렵다. 변명은 주의를 기울여서 해야 한다. 만약 주의를 기울이지 않으면 변명이 새로운 분쟁거리를 만들지도 모른다.

인식 처리 과정(cognitive processing)에서 받아들여질 사과를 하라.

인식 처리 과정이란 어떤 언어적인 표현을 상대방이 명확하게 인식하는 과정을 말한다. 이런 과정을 중시해야 한다. 사과에서도 인식 처리 과정을 중요시해야 한다. 사과를 했을 때 상대방이 마음에서 그런 사과를 받아들일 수 있게 하라. 상대방이 공감할 수 있는 사과를 하라.

인식 처리 과정을 중심으로 변명하면 상대방이 사과를 받아들일 수 있다. 상대방의 생각 속에 스밀 수 있는 변명을 하라.

미술품 컬렉터라는 직업이 있다. 하인즈라는 사람의

직업이 미술품 컬렉터이다. 그는 미술품을 모으고, 작가의 취향을 분석한다. 작가의 취향에 따라 미술품의 가격은 천차만별이다. 미술품에 관한 정보, 자금동원력, 미술품을 보는 안목이 치열하게 작용한다. 하인즈는 작가를 관리하는 수준에 이를 정도로 자기 역량을 개발했다.

박세리 선수는 세계 골프대회에서 우승할 수준에 이를 때까지 역량을 개발했다.

하인즈, 박세리는 전문적 인식 처리 과정을 거쳐서 미술품을 사들이고, 골프경기를 한다.

그렇지 않으면 효과가 반감된다. 마음의 화살(mind arrow)에 메시지를 담아라. 메시지 없는 변명은 단팥 없는 찐빵 같다. 변명하되 마음의 화살에 내용을 담자. 내용은 진솔한 것일수록 좋다. 메시지를 충실히 담아라. 메시지를 체크하라. 변명을 부끄러워하지 말라.

직장 내에서는 많은 소문이 나돈다. 그것이 직장이 가지고 있는 본질 중의 하나이다. 소문의 대상이 되었다면 점잖게 구설수를 변명하라. 확실하게 변명하라. 말로 변명하고 글로 변명하라. 연기가 필요하다. 세상은 어차피

연극 무대 같은 곳이다. 연극 무대에서는 연기를 해야 한다. 하지만 명확한 컨텐츠를 담아라. 명확한 컨텐츠를 담으려면 깊이 생각하라.

어느 정당의 한 의원이 진실에 의한 정보가 아닌 제보에 의한 정보를 기초로 상대 당 의원의 자존심을 상하게 하는 발언을 했다고 가정해 보자. 이것이 문제가 된다. 진실을 알아보니 잘못된 사실에 기초한 발언이었다. 문제의 발언을 한 의원은 바로 변명하고 사과한다. 이것은 발언한 사람의 미래를 위해서도 좋은 매너이다. 발언은 신중을 기해서 해야 한다. 하지만 오류 정보를 기초로 말한 것이 진실이 아니었다면 바로 사과성 변명을 해야 한다. 여기서 머뭇거리면 안 된다.

변명은 명쾌할수록 좋다. 사과를 통해서 겸손한 자세를 보여 줄 수 있다.

겸손을 배워라. 그렇게 하고 싶다면 사과를 먼저 배워라. 사람은 사과를 통해서 다른 사람에게서 오해의 장벽을 거둘 수 있다.

N은 일류대학 출신이다. 하지만 그는 겸손하다는 평가

를 받는다. 그가 이런 평가를 받게 된 것은 자기의 조그
마한 잘못도 바로 바로 "미안합니다 ～"란 말을 자주 하
기 때문에 그렇다.

자기의 오류를 말로 표현하는 사람은 다른 사람이 오
만하게 생각하지 않는다. 사회생활에서 성공하려면 자기
의 오류를 항상 인정할 줄 아는 자기 도량이 필요하다.

영화 〈불어라 봄바람〉을 보자. 이 영화의 주인공은 김
승우이다. 김승우는 영화 속에서 소설가란 직업을 가지
고 있다. 김승우는 어느 날 출판사 편집장에게 사과를 한
다. 지정된 날짜까지 약속한 원고를 다 집필하지 못한 것
이다. 그러나 사과의 태도를 보이지 못한다. 그래서 말싸
움으로 번진다. 사과의 기술을 몰랐던 것이다.

세상을 살아가다 보면 미안함의 씨앗은 잉태된다. 누
구나 그렇다. 그것이 세상이다. 잘해 준다고 해도 미안함
의 씨앗은 개인적으로 생긴다. 누구도 따라가지 못할 젓
갈 맛을 전수하는 시어머니도 며느리에게 미안함이 남는
다. 아무리 잘해 줘도 사람 사이에는 미안함이 남는다.

채근담에 이런 말이 있다.

"사람에게 베풀라. 하지만 그 덕에 대한 감동을 바라지 말라. 타인으로부터 원망 안 듣는 것이 덕이다." 아무리 잘해 줘도 미안함은 남는다.

06

미래의 열매를 위해서 하는 변명을 투자적 변명이라 한다. 투자적 변명을 통해서 개인은 새로운 역량을 얻을 수 있고 새로운 역동성을 얻어갈 수 있다.

사과는 투자이다. 자기 자신에 대한 투자이다. 상대방에게 더 당당하게 접근하기 위한 투자이다. 사과를 제대로 하지 않고는 상대방에게 더 가까이 다가가기 어렵다. 가능한 한 투자적 사과를 하라. 사과를 해야 다음 일의 열매를 기대할 수 있다.

사과할 일이 있는데도 사과를 안 하면 자기도 모르게 사회적 봉쇄를 당할 수도 있다.

사회적 봉쇄(social closure)는 사회에서 어떤 조직에 새로운 자원, 새로운 충원을 제한함으로써 사회적 성장을 억제하는 현상이다. 이런 현상은 사과할 일을 사과하지 않았을 때 개인의 여건에서도 생겨날 수 있다.

사과를 해야 할 때는 사과를 하라. 그렇게 함으로써 사회적 봉쇄를 당하는 상황을 예방해야 한다. 특히 직장에서 이런 상황에 놓이지 않도록 할 필요가 있다.

상대방은 사과의 적정 수위를 기대한다. 그러므로 상대방이 기대하는 적절한 변명을 해야 한다. 상대방의 기대와 거리가 있는 변명은 사과로 인정받지 못하게 된다. 항상 변명의 가치를 따져 보라. 상대방은 변명의 가치를 재게 된다. 변명 가치에 맞는 변명을 하는 직장인은 적은 노력으로 새로운 친구를 만들 수 있다. 변명 수위를 조절하지 않은 변명은 직장 내에 새로운 반대세력을 만들 수밖에 없다.

상대방의 기대에 따른 변명을 하기 위해서는 상대방을 알아야 한다. 상대방이 어떤 곳에서 변명을 들으면 오해를 쉽게 푸는지를 알아 보라. 술 마시는 것이라면 그런 자리를 만들어라. 의도적인 자리이어도 좋다. 비용이 들어도 그런 비용은 지출할 수 있어야 한다. 사과 비용(the cost of apology)을 아까워하지 말라. 이런 비용을 잘 들이면 더 큰 이익을 산출할 수도 있다.

　어느 섬유회사에서 있었던 일이다. Y부장은 이사들과 부장들간의 회의중에 "이사님 의견과 달리 진실은 이렇습니다. F이사님이 잘못 알고 계십니다."란 말을 했다. 이 말을 들은 이사는 표정이 변했다. 너무 큰소리로 정면 비판을 하는 분위기가 연출되었기에 그렇다. 둘이 따로 만나서 이야기를 해주었다면 더 좋았을 것이라는 생각이 Y부장에게 스친다. 하지만 이미 엎질러진 물은 주워담기 어렵다. 말은 더 어렵다.

　F이사는 Y부장이 자신을 폄하한다고 오해한다.

　Y부장은 F이사와 개인적으로 외부에서 만나려고 시도하지만 이사는 업무상으로는 만나 주지만 개인적으로는 Y부장을 안 만나 준다. 하지만 여러 차례 시도한 후 드디어 술자리를 갖게 된다. Y부장이 F이사에게 사과를 한다. "제가 표현이 너무 부족하고 직접적이었습니다. 이사님께 사과 드립니다. 변명 같습니다만 제 목소리가 워낙 커서요."

　오해는 풀린다. 변명으로 오해는 풀린다.

미래의 열매를 위한 투자적 변명은 리더에게 요구되는 사항이다.

"더 예쁜 옷을 자주 사주지 못한 점 미안하오." 남편이 아내에게 결혼기념일에 해줄 수 있는 투자적 사과이다. 이렇게 해서 남편의 역할을 제대로 다하지 못한데 대한 미안함을 표현할 수 있다. 그렇다고 해서 남편의 체면이 깎이는 것은 아니다.

밤 늦은 시간, 어느 사람이 지나가다가 사무실에 불이 켜 있는 것을 보고 전기 스위치를 내렸다. 다른 사람이 그 시간까지 일하고 있는 것을 몰랐기 때문이다. 이때 "미안합니다. 제 불찰로 그랬습니다." 이런 말을 하라. 이런 것은 투자적 변명이 아니다. 후속적인 변명일 뿐이다. 투자적 변명은 변명을 함으로써 자기 투자의 열매를 거둘 수 있다. 투자적 변명을 통해서 개인은 더욱 리더십을 확립해 갈 수 있다.

당나라의 제 14대 황제인 문종은 "하북 병란은 다스려도 코앞 파벌 싸움은 어쩔 수가 없다."고 말했다. 직장 내에서도 파벌 싸움이 존재한다. 이런 파도는 헤쳐 나아 가는데 조심해야 한다.

투자적 변명을 잘 활용하면 직장 내 파벌 싸움에 휩쓸 리지 않고 성공적인 직업인이 될 수 있다.

목소리를 낮추고 겸양의 태도를 견지하라. 이런 파벌 싸움에 너무 깊이 개입하지 말라. 잘못하면 사과할 일이 생겨난다. 가장 바람직한 태도는 자기 오류를 제대로 변 명하되 미래를 위해서 미안함을 잘 표현하라는 점이다. 상대에 대한 미안한 감정을 잘 말하라.

투자적 관점에서 미안함을 표현하라. 함축적인 어휘보 다 직접적인 어휘로 미안함을 표현하라. 미안함의 핵심 컨텐츠에 초점을 맞추어라.

푸치니의 오페라 '토스카' 중에 '별은 빛나건만' 이란 아리아가 있다. 이 노래를 부른 이탈리아 출신의 테너 가 수 살바토레 리치트라처럼 섬세하게 미안한 마음을 표현 하라.

정신적인 시야를 넓혀서 일하라. 정신적 시야는 미안함의 표현을 적절히 할수록 넓어진다.

방어적인 비관주의자로서 일하기보다 낙관적인 활력가로서 자아를 만들어 가라.

낙관적인 활력가가 되기 위해서는 미안함의 본질을 알고 의견 표현을 하라. 적합한 미안함의 표현은 섬세할수록 좋다.

03

열정이 비전을 만든다. 열정이 있으면 자기의 잘못을 타인 앞에서 인정할 줄 안다. 자기 속으로 들어가라. 그리하여 자기의 잘못을 찾아내라. 지적 탐구를 하듯이 자기 잘못을 찾아내라. 이것은 자기의 앞길을 위해서 필요한 일이다.

오류가 발생하면 사람들은 화를 낸다. 이런 화를 풀어주는 행위가 바로 사과이다.

사과 행태는 다양하다

03

희망이 있는 사람은 자기의 잘못을 시인하는 용기를 발휘한다.

2003년 어느날 MBC에서 '퀴즈가 좋다' 프로그램이 생방송중이었다. 방송중 MC 임성훈씨가 어느 출연자의 인터넷 검색 찬스에서 인터넷이 안 되자, "방송중 인터넷이 안 된 점 사과 드립니다."라고 했다. 순발력 있는 미안함의 표시였다. 이후에 방송은 매끄럽게 진행된다. 이것은 진행자의 순발력에 기인한 역량이다.

아마도 말은 안 해도 방송국 인터넷이 안 되는 상황이 기계적 결함으로 일시적으로 발생했을 때 출연자와 시청자는 화를 냈을지도 모른다.

존재적 곤경

01

"미안합니다. 메모를 해놓고 … 그만 메모지가 어디 깊이 들어가 버렸습니다."

이 정도의 표현은 부족하다. 효율적이지도 못하다. 후속 조치가 이뤄질 것임을 말하라.

"제가 전화 받은 곳은 B사의 이 부장이라고 합니다. 앞으로는 반드시 메모해서 전해 드리도록 하겠습니다."

모든 사과는 한계와 문제점이 있다. 미안함의 표현으로 모든 것이 끝난 것으로는 인식하지 말라.

세상에는 존재적 곤경이 있다. 존재적 곤경(existential dilemma)은 무엇인가?

'가설이나 이론 구성 개념의 분석기법이 지닌 문제점과 한계를' 존재적 곤경이라고 한다.

존재적인 곤경을 통해서 문제를 알 수 있다.

공원으로 산책을 나갔다. 커피를 마시면서 거닐다가 마주 오는 사람과 부딪쳐서 상대방에게 커피를 쏟았다고 가정해 보자. 이때는 상대가 인상을 쓰기 전에 신호를 보내라. "미안합니다. 제가 부주의해서 그만~" 이렇게 사과하라. 그리고 얼른 휴지로 커피를 닦아내라. 이 경우는 물론 존재적 곤경 상황은 아니다.

존재적 곤경 상황은 자기가 기술한 논리가 문제점과 한계를 드러낸 경우를 말한다.

"이런 방식의 원 투 원 마케팅(One to One Marketing) 은 시간이 많이 걸리는 문제점이 있습니다. 그래서 미안하지만 여러분들에게 우리 상품을 알리는데는 분명한 한계가 있음을 송구스럽게 생각합니다." 이런 멘트가 마케팅 브레인 스토밍 회의에서 적절한 발언이다. 이런 종류의 사과가 바로 존재적 곤경을 인정하는 사과의 테크닉이다.

이 경우 존재적 곤경이 표현되어 있는 대안을 말하면서 사과를 하지 않으면 마케팅 브레인 스토밍 회의 참석자들은 속으로 화를 낼 수 있다. '쳇, 문제점과 한계가 있는 대안을 말하면서도 도대체 미안하다는 문제점에 대해서는 말 한마디 없단 말이야' 이런 생각을 할 수 있다. 이렇게 존재적 곤경을 인식하지 않고 말할 때 분위기는 가라앉는다.

사과의 상대방은 화를 내는 사람이다. 화를 내는 유형은 사과의 기술을 구사하는데 직접적인 영향을 준다. 화내는 유형을 분석할 수 있는 역량을 갖추어라. 화내는 유형을 제대로 분석하지 않고는 제대로 된 사과를 할 수 없다.

자기 암시를 하라

02

자기 암시란 말이 있다.

'자기 암시'는 자기 행동의 일정한 방향으로의 변화를 위해서 의도적으로 하는 행위이다. 나는 사과를 할 줄 아는 겸손한 사람이다라는 자기 암시를 지속적으로 하라.

매시간 이런 자기 암시는 필요하다.

자신에게 은근하게 메시지를 주는 것을 자기 암시한다고 한다. 자기 암시(auto suggestion)를 연습하라. 화를 내야 할 일이 생길 경우 잘 제어하면서 필요시 사과를 할 수 있다는 자기 암시를 하라.

그렇게 하면 성공의 길이 열리게 된다.

다음 예를 보자.

어떤 운동 선수가 한 네티즌이 자신의 경기에 대하여 욕에 가까운 평을 인터넷에 올린 것을 보고 기자들 앞에서 화를 냈다.

네티즌들은 이 선수가 화내는 것을 보고 다시 인터넷 상에 글을 올렸다. 이에 선수가 인터넷상에 반박글을 올리자 네티즌들이 발끈했다.

"그렇게 안 봤는데 속이 좁다.", "그렇게 속이 좁아서는 대선수가 되기는 틀린 것 같다.", "귀하의 팬클럽에서 나의 지지를 거두고 싶다", "사내는 자고로 화냄을 자제해야 하는데." 등등의 글이 매일 30여 통씩 올랐다.

마침내 선수는 자신의 매니저와 이 일을 상의했다.

매니저는 "사과문을 발표하자."고 제안했다. 그렇지만 선수는 매니저의 제안이 내키지 않았다. 그래도 장래를 위해서 네티즌들에게 공식적으로 사과를 했다. 이렇게 해서 네티즌들의 비난 댓글은 사그라들었다. 이 일을 통해서 선수는 자신이 열심히 경기를 하는 것만으로는 팬 관리에 한계가 있다는 사실을 알게 되었다. 자기가 화낸 것이 그렇게 큰 파문을 일으킬 줄은 몰랐던 것이다.

다음의 이야기는 성자인 것처럼 거드름을 피우며 행동

하던 어느 목사의 이야기이다.

그 목사는 외국의 유명 대학에서 목회 연관 박사학위를 받은 사람이었다.

어느 주일 아침, 그 목사는 같은 교회의 교역자 한 분을 여러 사람이 보는 앞에서 심하게 질책했다. 직위적으로 위에 있는 자기 신분을 악용한 것이다. 그 순간 신자들은 그 목사가 공부를 헛배웠다는 사실을 금세 눈치챘다. 여러 사람이 보는 앞에서 화를 내면서 다른 사람을 질책하는 행동은 그에게 전혀 도움이 안 된다. 그 일 때문에 그는 덕이 부족한 리더로 평가받게 되었다.

자칭 리더일수록 화를 낼 때는 신중해야 한다. 화를 낼 일이 많았던 사람 중에 한 사람이 바로 미국의 16대 대통령이었던 에이브러햄 링컨이다. 링컨은 남북 전쟁을 치르면서 화를 참는다. 자기 휘하의 한 장군이 그의 정책에 사사건건 반대했다. 대통령으로서 화를 낼 만한데도 링컨은 내색을 하지 않고 화를 참았다. 그는 화를 안 내는 대신 그 장군을 비난한 편지를 써서는 자기 책상 서랍에 넣어 보관했다. 물론 다른 사람이 그 편지를 볼 수는 없었다. 남북 전쟁은 이런 상황에서 링컨 진영의 승리로 끝났다. 링컨은 화를 참으면서 전쟁 상황을 승리로 이끈 것이다. 전쟁은 나쁜 것이다. 하지만 링컨의 인내심은 평가받을 만하다.

사과를 해도 존재적 곤경은 남을 수 있다. 사과는 그 자체로 문제와 한계가 있을 수 있다.

범주화시켜라

：

03

"미안합니다. 전화가 잘못입니다."

효율적인 사과 표현인가? 아니다. 어법이 틀리다. 자기 오류를 전화에게 떠넘기는 형국이다.

"미안합니다. 제가 전화를 잘못 걸었습니다. 다시 하겠습니다." 이렇게 자기 오류를 인정하라.

범주화라는 말이 있다.

범주화(categorization)는 '어떤 기준을 두고 자료를 분류하는 것'을 말한다.

반드시 야단을 치고 사과해야 할 상황이라면 범위를 정해서 사과를 하라. 카테고리를 정해서 사과해야 한다.

무조건 화를 안 내는 것만이 능사는 아니다. 의도적으로 화를 내야 할 때는 내야 한다. 그렇지만 상대의 마음을 풀어 줄 방도를 생각해서 조용하게 화를 내야 한다. 화를 내면 그만이다라는 생각을 버려라. 상대방에게 화를 냈다면 그 사람의 마음을 풀어 줄줄 알아야 한다.

상사도 아랫사람에게 사과를 할 줄 아는 태도가 자신을 키운다. 상사라고 해서 화만 내고 말면 그만이라는 생각은 말라. 상사라도 화를 낸 후에는 상대방의 마음을 풀어 줄줄 알아야 한다. 심층 처리(deep processing) 방식을 응용해서 풀어 줄줄 알아야 한다. 개인에게 주어진 사과 정보처리를 하면서 자기에게 의미 있는 방식으로 사과 내용을 부호화해 표현해 가는 습관을 길러야 한다.

내가 좋아한다고 상대방에게 묻지도 않고 무조건 권해서는 안 된다. 자기 중심으로 하기보다 타인과 자기를 동시에 추구하라.

회식 자리에서 상사들은 실수를 저지르기 쉽다. "미스 리도 한잔 마시죠." 하면서 여직원의 엉덩이를 두드린 상사가 있다고 가정해 보자.

다음날 그 행동이 문제가 되어 상사는 호된 질책을 받

는다. 문제는 사내에 사과문을 게재하고서야 겨우 풀려 간다. 그러나 이것으로 과연 이 문제가 해결될지는 의문 이다.

자신의 잘못을 찾아서 반성하라. 진심이 담긴 반성을 하려면 상대에게 먼저 미안함을 표현하라. 유감 표명을 하라. 그렇게 하면 상대의 마음은 풀어질 것이다.

상대방도 미안함의 표현에 대하여 받아들일 태도를 보 여야 한다.

능동적인 인식의 편린을 가다듬어라

04

세상살이에서 자신의 잘못을 먼저 발견하려고 하는 사람은 성장한다. 남의 잘못보다 자신의 잘못을 고치기 위해서 더 노력하라. 이렇게 하려면 능동적인 인식의 편린을 가다듬어 가야 한다. 매일 능동적인 인식의 편린을 가다듬어 가라.

사과할 일은 인식의 편견으로부터 생겨날 수 있다.

스위스 사람들은 외부 리스크에 대하여 다른 민족보다 비교적 둔감하다. 그렇지만 사과를 잘하는 민족이다. 여기에 비하면 우리나라 사람들은 사과하는 습관이 부족한 민족이다.

우리 사회 곳곳에는 사과하는 문화가 부족한 곳이 많다. 사과를 하면 '○○이 팔린다'는 생각이 사람들의 사고를 지배한다. 하지만 이것은 편협한 생각이다. 잘못을 사과하지 않는 것은 본인에게도 상대에게도 도움이 되지를 않는다. 잘못을 인정하지 않으면 진정한 관계를 만들기 어렵다. 진정한 관계는 서로간의 잘못을 인정하는 속에서 생겨난다. 성공하는 사람은 진정으로 자기가 잘못한 경우 사과를 하고 넘어가는 사람이다.

잘못을 사과하고 넘어가게 해야 한다. 사과하지 않고, 자기 오류도 인정하지 않고 넘어가지 않게 하는 기술이 필요하다.

정치인들 사이는 언제 대척점에 서로 설 지 모르는 사이인지도 모른다. 한 사람이 다른 정치인을 비판한다. 그것도 근거가 없는 허무 맹랑한 이야기를 바탕으로 발언한다.

그러다가 진실이 드러나자 "본의 아니게 말해서 미안하다. 하지만 언론 보도 과정에서 오해가 생긴 것 같다." 식의 사과를 한다.

하지만 이런 식의 조건을 단 사과는 진정한 사과로 보기 어렵다. 사과하려면 조건을 달지 말라. 조건을 달지 않은 말로 명확하게 사과하라. 그래야 서로의 관계가 회복될 수 있다.

오류가 존재하는데도 사과하지 않으면 무례한 행위이다. 이 경우도 범주화하라. 사과 범위를 확대시키지 말라.

가능한 야단을 치지 말라. 하지만 교훈적으로 야단을 칠 수는 있다. 이 경우도 개인의 프라이버시를 생각해서 단둘이 있는 방에서만 야단을 쳐라.

그렇다고 야단을 치기만 하고 그냥 지나가면 안 된다. 야단을 친 것이 정당했어도 야단친 것 자체를 사과하고 다음 과정으로 넘어 가야 한다. "그것은 의도된 야단이었으니, 이해하기 바란다."는 방식으로 정돈을 하고 가야 한다. 이렇게 하려면 의도적으로 화를 내라. 의도적으로 화를 내되 사적인 감정은 가져서는 안 된다. 상대방이 의도적으로 화를 내고 있다는 것을 알게 하라. 개인 감정이 없다는 메시지를 주면서 화를 내라.

상사가 화를 내야 할 때가 있다. 화를 내야 할 때에서는 화를 내라. 다만 주의해야 할 사항은 화를 내는 이유를 명확히 하라는 것이다. 그리고 간결하게 화를 내라는 것이다. 여러 말을 구사하면 안 된다. 제출이 늦어지고 있는 보고서를 재촉하기 위해서 화를 낼 수 있다. "그 보고서가 늦어지면 회사 전체의 비즈니스에 직접적인 지장이 초래됩니다." 식으로 조용하고 간결하게 화를 내라. 단, 감정을 섞어서는 안 된다.

조용하게 화를 내라. 화를 낸다고 크게 말하는 것은 어리석은 행동이다. 이렇게 하면 화를 내는 사람이 오히려 더 위태로운 입장에 처할 가능성이 높아짐에 유의하라.

미리 계산해서 교훈적인 화내기를 하라. 이렇게 말함으로써 상대가 다시는 비즈니스 오류에 빠지지 않도록 할 수 있다. 수학이 가미된 교훈적인 화내기가 되도록 연습하라. 교훈적인 화내기는 논리적으로 이루어져야 한다. 논리적인 문맥으로 화를 내라. 그렇게 하지 않으면 권위를 유지하기가 쉽지 않다.

지각을 한 직원에게 "당신이 30분 늦으면 전체 공사장 인부 100명이 3000분 허비하게 됩니다. 당신은 이처럼 핵심적인 사람입니다." 하고 질책하라. 간결하지만 심한 질책인 셈이다.

자신과 함부로 타협하지 말라

05

"저의 편지 중에 귀사의 명칭을 잘못 언급한 것을 죄송하게 생각합니다. '주식회사 태평'인데 저의 오류로 '주식회사 대평'으로 언급한 점을 깊이 반성하고 있습니다. 앞으로는 〈주식회사 태평〉으로 호칭의 착오가 없게 하겠습니다. 이해하여 주시기 바랍니다."

작은 것이라도 자신과 함부로 타협해서는 안 된다. 남에게는 너그럽게 대하되 자기에게는 엄격하게 해야 한다. 남에게는 자신의 오류를 잘 인정하되, 자기 문제에는 엄하게 해야 한다.

화를 낼 때는 계산적으로 화를 내라. 자주 화를 내서는 안 된다. 하지만 화를 내야 할 때는 계산적으로 화를 내라.

행복주의를 기억하라. 일하는 것, 화내는 것 모두 행복을 위해서 해야 한다. 모든 가치 이전에 행복을 추구하는 행복주의 관점에서 화를 내라. 행복해지는 방법으로서 화를 내라. 덕을 세워서 화를 내라.

상사가 이따금씩 화를 안 내면 아랫사람이 방향을 잘못 잡을 수도 있다. 가능한 심각하게 사과를 할 정도의 수준을 벗어나지 말라. 개인적인 문제점을 들춰서 화를 내지는 말라. 비즈니스를 더 효율적으로 하기 위한 전략을 알려 주기 위한 화냄은 필요하다.

부하 직원이 조용한 회의실에서 실수로 의자를 넘어뜨려서 소란을 일으킨 후 사과하지 않고 그냥 다른 방으로 간다면 어떻게 할 것인가?

그 부하 직원을 조용히 불러라. 그리고 "손을 들어서 사과를 표현하는 편이 좋았을 것입니다." 하고 충고를 해주어야 한다. 이러한 충고는 서로를 위해서 필요하다. 하지만 이런 충고도 둘이 있을 때에만 조용히 하라. 상대의 자존심을 보호하는 방식의 충고를 하라.

남과는 협상하고 타협하라. 하지만 자기의 작은 오류

와는 타협하지 말라. 정석으로 가라.

미안함의 표현이 역겨운 싸움 같은 것이 되어서는 안된다. 정석으로 푸는 문제가 되어야 한다. 타협하지 말고 정면으로 맞서라. 왕도는 없다. 기적도 없다. 단계를 거치는 땀만이 해답을 이끌어 낸다.

자발적으로 하라

:

06

"눈을 치우지 못해 미안합니다. 눈이 계속 내려서 눈이 그치면 치우기로 하다가 그랬습니다."

이 사과 표현은 내용이 약간 미흡하다. 핵심이 안 들어 있다.

"저희가 눈을 안 치워서 선생님께서 미끄러진 점 미안합니다. 변명 같지만 눈이 그치면 치우려다 그만, 제 불찰입니다."

이 정도의 표현이면 기술적 접근이 이루어진 것이다. 사과의 핵심 내용이 들어가 있다. 자발적으로 사과하는 마음이 들어가 있다.

자발적으로 미안한 마음을 표현하라.

상대로 하여금 누가 시켜서 유감 표명을 한다는 느낌

이 들게 해서는 안 된다. 자발적으로 미안한 마음을 표현해도 상대가 사과를 받아줄지 안 받아줄지 모른다. 그러므로 언제든지 자발적으로 자기 오류를 말하라.

다음 세 사람의 유감 표명의 태도를 보자. 유감 표명에서 자발성이 어느 정도로 필요한지를 알게 될 것이다.

조지 오웰이란 사람이 있다. 그가 소설가라는 사실을 아는 사람은 다 안다. 그는 여러 편의 소설을 썼다. 그의 소설 집필 태도는 자발적이다. 그는 의무감으로 소설을 집필하지는 않았다. 그래서 그의 소설은 상대에게 설득력을 준다. 그의 대표작은 『동물농장』이다. 이 책을 보면 역설이 펼쳐진다.

사람에게 시달리던 동물들이 모여 사람을 농장에서 몰아낼 결의를 한다. 그리고 동물들이 농장의 주인이 된다. 하지만 이 동물농장에서 돼지가 주류를 형성한다. 다른 동물은 점차 소외되기 시작하고 차별 받기 시작한다.

인간으로서의 조지 오웰을 보자.

조지 오웰은 유감스런 일이 있으면 주위 사람들에게

자발적으로 유감을 표명하면서 일했다. 그가 보이는 태도는 순박했다. 그래서 그의 소설은 여리고 맑은 성격을 가지고 있다.

직장이란 조직도 마찬가지이다. 각종 모순과 역설적인 현상이 이곳 저곳에 등장한다. 문제를 제기하는 세력은 경쟁 세력을 약화시키기 위해서 힘을 모은다. 경쟁 세력과의 세력 다툼은 지속된다. 이런 상황은 문제를 해결하는 진정한 방식이 아니다. 다시 새 주도 세력이 문제를 제기하게 되기 때문이다. 이것이 직장이란 조직의 모순과 역설이다.

이런 모순과 역설 속에서 사람들은 직업 생존 지수를 신경 써야 하는 상황들을 맞는다. 직업 생존 지수를 높이려면 자발적으로 자기 오류를 찾아서 인정해야 한다. 그래야 직장 내에서 지지자를 증가시킬 수 있다.

안나 쿠르니코바라는 러시아 여성이 있다. 그녀는 테니스 스타이다. 테니스장에서 그녀가 경기하는 모습은 멋있다. 그런 그녀가 스타를 선언한다. 드라마에 주인공으로 출연하고 싶다고 한다. 과연 연기를 잘할 수 있는지는 미지수이다.

프렌즈(Friends), 섹스 & 더 시티(Sex and The City) 같은 유형의 드라마에서 연기를 하고 싶다고 한다.

쿠르니코바가 이런 선언을 한 배경은 무엇일까? 새로운 일을 하고 싶은 욕구도 작용했을지 모른다. 하지만 그 선언에는 직업 생존 지수(JQ)를 높이려는 전략이 깔려 있다. 미모를 활용해서 연기자로서 변신을 시도하려는 생각이 내재되어 있는 것이다.

쿠르니코바가 상대를 배려하는 마음은 테니스장에서 상대방에게 미안함을 표현해야 하는 경우 손을 들어주는 모습에서 볼 수 있다. 그녀는 유감 표명을 자발적이면서도 아주 자연스럽게 하는 매너를 보여 주는 선수이다.

일본인들은 동물을 애호하는 기질이 강하다. 그래서 이들은 애완견과 관련한 많은 일을 갖고 있다. 애완견을 돌보면서 시간을 보내기도 하는 일본인들이 많다.

애완동물의 옷을 디자인하는 하네다 씨는 오늘도 애완

견의 치수를 열심히 잰다. 자신이 하고 싶어서 일한다.

일 속에서 자기 오류가 있으면 자발적으로 바로 유감을 표명하면서 일한다. 그는 매시간 즐거운 마음으로 애완견의 옷을 만든다. 항상 자기 일을 즐겁게 생각한다. 애완견의 옷을 잘 디자인하면 애완견의 폼도 멋있어 질 것이라고 상상하며 일한다.

당나라 때 시인 백낙청은 "바람은 저절로 불어올 때가 제일 맑다."고 노래했다. 이 시에서처럼 자신의 마음에서 우러나와서 애완견의 옷을 디자인하는 하네다 씨는 일을 즐기는 사람이다.

이 세 사람의 경우처럼 미안함의 표현은 자발성을 담아서 하라. 그것도 기술이다. 바람이 불 듯 자연스럽게 하라. 서로의 마음에 부담이 안 가게 미안함을 표현하라.

자발적으로 자기 오류를 찾고 고백하라. 자발성이 인간 관계에서 서운함을 해소하는데 도움이 된다.

경북 영주에 있는 부석사는 고려시대 때 지어진 건물이다. 이 절은 미려한 풍광 속에 세워졌다. 당시 이 절을 세우는 데는 왕의 힘이 작용했을 것이다. 부석사에는 뛰어난 건축미를 자랑하는 건물이 또 있다. 바로 무량수전이다. 처마 끝의 아름다움이 아주 빼어나다. 무량수전을 건축한 건축가의 마음속으로 여행을 해보자. 마음에서 우러나와서 불심을 표현한 흔적이 여기저기에 보인다.

무량수전의 위대성은 건물을 주변 여건과 조화되게 건축한 데 있다.

유감 표명을 할 때는 주변 여건과 조화되게 유감 표명을 하라. 그 전략은 자발성이다. 자발성은 유감 표명을 하는 사람의 저력이다. 내적 유감 표명의 저력을 일으키는 힘은 자발성이다.

인간 유형에 따라 사과 전략을
다르게 하라

07

세상에는 별의별 사람이 있다. 그러므로 상대방에 따라 그에 맞는 유감 표명을 해야 한다. 이렇게 해야 유감 표명의 효율성을 높일 수 있다.

허풍쟁이형

허풍쟁이형에게는 풍을 치면서 유감 표명을 한다. 여기서의 풍을 친다는 말은 말을 많이 하라는 뜻이다. 허풍쟁이들에게 나직하고 적은 말로 유감 표명을 하면 무시하려 든다. 풍을 약간 치되, 진실된 내용으로 풍을 치라.

독불장군형

유감 표명의 상대가 이런 유형이라면 까다롭다. 웬만

큼 말해서는 유감 표명으로 받아들여지지 않는다. 그러므로 핵심을 말하고 유감 표명을 마무리하라. 군더더기 말은 삼가라. 지나친 변명도 하지 말라. 말꼬투리를 잡히지 않게 주의하라.

임기응변형

이런 유형의 상대는 의외로 유감 표명이 쉽다. 이런 유형에게는 오류를 발견하는 즉시 유감 표명을 하는 것이 좋다. 그렇지 않으면 자기에 대한 과장된 소문을 신속하게 퍼뜨리는 경향이 강함을 알아야 한다. 유감을 표명할 때 자세히 변명하라.

사오정형

동문 서답형이다. 이런 상대방에게는 정서적으로 접근하라. 상대방의 감정을 우선 고려해서 유감 표명을 하라. 그러나 너무 길게 말하지는 말라.

횡설수설형

이런 상대방에게는 유감 표명이 길수록 좋다. 그렇게 하지 않으면 "당신이 언제 유감 표명을 한 적이 있냐?" 며 오히려 역공을 한다. 그러므로 횡설수설형에 속하는 사람에게는 이런 역공을 당하지 않게 조심하라. 번거롭더라도 반복해서 같은 내용을 가지고 한 곳에서 수 차례 유감 표명을 하라.

직거래형

유감 표명의 암시가 담긴 편지를 보내는 것도 좋다.

직접적으로 표현하라. 자기 오류를 6하 원칙에 의해서 말하는 것도 이런 상대에게는 효율적인 방법이다.

로비형

분위기 메이커로 다른 사람을 중간에 합석시키거나 포함시켜 유감 표명을 하라. 분위기가 조성되면 저녁이나 술을 사라. 자기의 오류를 적시하기보다 그냥 미안한 표정을 지어라. 그러면 상대방의 마음이 풀린다. 미안한 마음을 보여주는 것으로 상대방의 마음이 풀린다.

리서치형

이런 유형에 속하는 사람에게는 합리적인 유감 표명을 해야 한다. 자기가 그런 태도를 보인 배경을 먼저 제시하라. 유감 표명을 하되, 논리적으로 미안한 이유를 말하라. 얼렁뚱땅 유감 표명을 하다가는 큰 코 다친다. 이 점을 유의하라. 로비 하려 하지말고 사실을 바탕으로 유감 표명을 하라. 그래야 상대방의 마음이 풀어진다.

오류 앞에서 유감 표명이 없는 세상은 공허하다. 세상에는 의미 있어 보이는 일도 있고 의미 없어 보이는 일도 있다. 유감 표명의 마음에 진심을 담아라. 그 진심을 구현하라. 그렇게 하면 상대방은 유감 표현이 담긴 말을 경청할 것이다.

요인 분석 기법

08

"미안합니다. 제가 보내드린 자료에 오자가 있었습니다."

효율성을 갖춘 미안함의 표시인가? 아니다. 구체성이 부족하다.

"미안합니다. 제가 보내드린 자료의 23쪽 다섯째 줄에 오자가 있습니다. '~하여'를 '~하므로'로 해야 하는데 그만 오자가 되고 말았습니다. 번거로우시더라도 수정해서 읽으시기 바랍니다."

원인을 자세히 분석해서 대처한다. 이것이 요인 분석 기법이다. 왜 사과해야 하는지 이유를 확정하라. 이를 위해서는 사람들이 화내는 요인 분석을 하라. 요인 분석 (factor analysis)을 통해서 화내는 원인을 알아야 한다.

사람들이 화를 내는 데에는 유형이 있다. 개인마다 화내는 유형이 다르다.

화냄의 유형에 따라서 사과의 유형도 달라져야 한다.

요인 분석 기법은 '몇 개 요인을 추출하기 위해서 상관관계가 높은 변인끼리 묶어서 요인을 추출 분석하는 기법'이다

이런 유형을 분류해서 숙지해 두라. 그러면 가정과 직장에서 미안함 표현에 많은 도움이 될 것이다.

인상으로 화를 내는 형

이런 유형의 사람은 자기도 인상을 찡그린 채 마주 대하면서 상대의 인상이 굳은 표정이면 '왜 째려보는 거야'라고 속으로 더 화를 낸다. 자신의 대들보는 안 보고 타인의 티눈을 먼저 보고 지적하는 형이다.

그리고 작은 말실수를 문제삼아 화를 내는 경우가 많다. 이런 스타일의 사람 앞에서는 조크도 유의해서 해야한다. 조크를 잘못 했다가는 시비에 휘말릴 수 있다.

혈액형이 AB형인 사람들 중에 이런 유형의 사람이 있다.

이 유형의 사람에게는 말을 걸 수 있는 기회를 잘 선택하라. 그리고 "안녕하세요?"라고 말하라. 그러면서 웃어라. 웃을 때는 비웃는 느낌을 안 주도록 유의해야 한다. 이런 사람에게 잘못한 경우에는 미소가 가득한 표정으로 사과하라. 이렇게 화내는 타입에게는 너무 지나치게 말을 많이 하면서 사과하지는 말라.

자기 음성을 높임으로써 화를 내는 형

다혈질의 사람 중에 이런 유형이 많다. 혈액형은 대개 O형인 경우가 많다. 자신의 지위를 이용해 다른 사람을 억누르려고 한다. 말은 많이 안 하지만 음성을 높인다. 부부 사이에도 이런 경우가 있다. 이런 경우는 서로 사과할 일이 있는가를 열심히 찾아야 한다. 감정의 골이 깊어지기 전에 사과하는 것이 좋다.

상대의 개인적인 약점을 적시함으로 화를 내는 형

이런 사람들에게 오류를 사과하기는 쉽지 않다. 이런 사람들은 대개 과장이 심하다. 하나의 현상을 두고 과장을 많이 하는 타입이다. 하지만 이런 유형의 사람은 드문 편이다. 이런 사람에게는 구체적인 언어 선택을 통해서 직접 사과하는 것이 적합하다. 또한 이런 유형은 속이 좁은 존재라고 보면 거의 틀림이 없다. 이런 유형의 사람들에는 잘못을 하면 진실하게 사과하고 지나가라. 개인 감정을 섞어서 사과하지는 말라. 상대가 개인 감정을 보여도 이성적으로 사과하는 것이 좋다.

감정이 상하면 말을 걸지 않음으로 화를 내는 유형

서로간에 말을 안 걸면 사이가 한없이 멀어진다.

일을 하면서 클라이언트로부터 비하적인 폭언을 들은 H씨는 말을 하지 않은지 10일이 된다. 클라이언트의 전화도 잘 안 받으려고 한다.

이런 상황에서 클라이언트는 H씨에게 편지를 보내는 방법을 쓸 수 있다. 진심으로 그 일에 대하여 자기의 오류가 있었다고 편지하라. 그러면 마음이 서서히 풀린다. 이런 식으로 화를 내는 사람 중에는 혈액형이 A형인 사람들이 많다.

거절을 함으로써 화를 내는 유형

승낙할 일도 거절한다. 이유가 분명하지 않은 일도 거절한다. 이 경우는 분명히 화를 내는 상황인 것이다. 화를 내면서 사과를 요구하는 상황이 되기 전에 먼저 찾아가라. 이런 유형은 의외로 사과를 잘 받아주는 유형이다.

혈액형이 B형인 사람 중에 이런 유형의 사람들이 많다.

요인 분석 기법으로 유감 표명을 하는 경우에도 유감 표명자는 큰 포용력을 보여야 사과가 성공한다.

미안함을 표현하면서 오히려 화를 내지 않으려면 마음에 큰 포용력을 보여라. 큰 포용력을 보이라는 말은 시시비비를 가리지 말라는 말은 아니다. 자기가 잘못이 없는 것처럼 생각되는 문제도 감정적 오류가 있을 수 있다는 생각을 하라 .

모 증권사에서 종합 자산 관리서비스(wap accountant) 업무를 보는 C씨는 팀장인 자신의 역량을 과신하여 회사에 손해를 끼친 자기 팀원 K씨에게 큰소리로 질책을 한 적이 있다. 그 일이 있은 후 C씨는 K씨에게 유감 표명을 했다.

"지난번 건은 저의 음성이 높았습니다. 이해해 주시길 바랍니다. 유감스럽게 생각합니다. 아무런 사심 없이 이것을 말씀드립니다. 하지만 제가 말씀드린 점을 보완해서 차기 종합 자산 관리서비스 비즈니스에서는 좋은 성과를 올려 보시기 바랍니다."

방법론적 편협성을 극복하라

09

방법론적 편협성을 극복하라. 유감 표현은 공개적으로
하라.

개인과 개인 사이는 대등한 인간 관계임을 이해하라.
이를 통해서 서로의 수평적 관계를 유지할 수 있다. 개인
과 개인 사이가 대등 관계임을 인식해야 서로간의 오류
를 인정할 수 있다. 대등 관계로 방법론적 개방성으로 사
과하라.

연암 박지원은 선진 제도에 민감했다. 그는 진취적이
면서 민중 지향적이어서 후세의 사람들에게 나름의 평가
를 받는다. 하지만 이런 위대성의 뒤에는 그의 겸양의 태
도가 존재한다. 그는 자기 오류를 사과할 줄 아는 태도로
일했다. 시대의 변화를 읽고서 진취적으로 자기 혁신을

했다. 그는 사람을 대등한 인간 관계로 대할 줄 아는 매너를 발휘한다.

서로간에 말을 하지 않고는 일하기 어렵다. 하지만 화를 낼 때는 방법론적 광폭성을 유지하면서 낮은 목소리로 화를 내라. 상대방이 화를 내는지 못 알아차릴 정도만 아니면 좋다. 평소 대인 관계가 없던 사람에게는 화를 내기가 쉽다. 그러나 이 점을 유의해야 한다. 평소 대인 관계가 없던 사람에게는 함부로 화를 내기 쉽다는 점을 기억하라. 그리고 이 점을 주의하라. 말을 절제하라. 단어를 선택하는데 시간을 가져라. 섭섭함을 표현하기를 더디게 하라. 평소 대인 관계가 없던 사람에게 화를 내면 상대가 심한 스트레스를 받을 수 있다는 생각을 하라. 대인 관계가 없던 사람에게는 전방위적인 화내기를 해서는 안 된다. 이런 사람에게는 나중에 화를 낸 것을 사과하기도 어렵다. 서로간의 커뮤니케이션 경험이 부족해서 더욱 그렇다. 사람 사이에 지위가 달라도 대등한 인간관계라는 의식을 항상 생각해서 말하라. 직장에서 성공하려면 지위의 높고 낮음을 떠나서 인간은 대등한 관계라는 의식을 철저히 가져야 한다. 이렇게 되면 방법론적 편협성을 예방할 수 있다.

방법론적인 편협성에 빠지지 않도록 해야 한다. 화를 내는 방법을 알아야 한다. 방법론적인 편협성(methodological parochialism)은 화를 내는 원인이 된다. 방법론적으로 너무 한쪽으로 치우친 현상을 방법론적인 편협성이라고 한다. 그러므로 방법론적인 편협성을 극복해서 방법론적으로 광폭성을 유지하면서 유감 표명을 하라.

이런 것을 알아야 상황에 맞는 사과를 할 수 있다. 생각에 대한 균형적 생기를 불어 넣기 위해서는 방법론적 편협성을 극복해 가야 한다.

매력적인 자기 길을 가기 위해서 오류를 스스로 인정할 필요가 있을 때에는 오류를 인정하고 가야 한다. 일본이 한국의 역사에 대한 오류를 인정하려 들지 않으려고 하는데 그것은 잘못된 태도이다. 한일 관계를 더 돈독하게 하기 위해서는 국가 간에도 자기들의 오류가 있으면 그것을 공개적으로 인정해야 한다.

존대와 최적 분위기에서
사과를 하라

:

10

"전화 주셨다는 데 이것 미안합니다. 제가 바빠서 전화 못 드렸네요."

위 예문에서는 더 신경 써야 할 일이 있다. 바로 반말 조의 어투이다.

"죄송합니다. 전화 메모를 받고 제가 미리 연락을 해야 하는데 경황중에 연락을 못 드렸습니다. 이제야 마음의 여유를 갖게 되어 전화 드립니다."

존대 그리고 최적의 분위기를 만든 후에 유감 표명을 하라. 장소 선택에서부터 사과의 성패는 결정된다.

서로가 마음을 터놓을 만한 곳에서 미안함의 과정을, 마음을 고백하라. 그러면 상대가 받아들일 수 유감 표현이 될 것이다.

사람은 장소의 분위기를 탄다. 그러므로 사과를 할 때
는 분위기를 최적으로 하여 말하라.

초등학교 여학생들이 만남의 장소로 '찜질방' 을 많이
이용한다고 한다. 이런 말을 들으면서도 '과연 그럴까'
하는 생각을 할 지도 모른다. 하지만 현재 세상이 돌아가
는 추세이다. 적은 비용으로 찜질방에서 밥도 먹고, 목욕
도 하고, 체중도 조절하고, 수다도 떨 수 있어서 찜질방
을 많이 이용한다고 한다. 세상이 참 많이 변해서 동심도
변화가 심하다는 생각이 든다.

대기업에서 부장으로 있는 C씨는 지방 출장이 잦다.
그는 출장시 호텔을 숙소로 이용한다. 비용이 많이 든다.
하지만 이제는 다르다. 비용이 적게 드는 찜질방을 숙소
로 이용한다. 이렇게 하니 회사에도 도움이 되고 마음도
편하다. C씨는 클라이언트를 만나 일을 끝낸 후에는 찜
질방으로 향한다. 거기서 운동도 하고, 밥도 먹고, 잠도
잔다. 찜질방에 가면 호텔에서 투숙하는 비용의 몇 배를

절감할 수 있다고 그는 말한다. 물론 이런 현상이 반드시 바람직하다고만 볼 수는 없다. 하지만 이것은 하나의 흐름이다.

이런 광경은 피서철에도 볼 수 있다. 민박집이 비싼 곳도 많다 보니 찜질방으로 향할 수밖에 없다고 한다. 저성장시대의 피서 문화 중의 하나이다. 문제는 사람들이 가격 경쟁력이 큰 곳으로 찾아간다는 점이다. 인터넷 환경이 대중 속으로 들어오면서 찜질방 정보가 자세히 알려지면서 찜질방을 활용하는 상황은 더욱 가속화되고 있다.

사과를 하는 데는 찜질방같이 분위기가 자유로운 곳이 좋다. 분위기가 자유로운 곳에서는 유감의 의견을 자연스럽게 표현할 수도 있다.

최소 비용으로 사과하라

11

사과 비용의 최소화를 모색하라. 최소 비용으로 사과하라. 적은 비용으로 유감 표명을 하라.

사과 경쟁력을 생각하라. 사과를 하는 데에는 비용이 든다. 물질 비용과 마음의 비용이다. 이런 비용은 제대로 계상되어야 한다. 그러므로 가장 적은 비용으로 가장 효율성이 높은 사과를 하라.

예를 들어 공기업에서 일하는 A씨가 가전 제품을 최저가에 구입한다. A씨는 인터넷에서 상품의 최저가 정보를 수시로 접한다. 그래서 인터넷으로 최저가의 물품을 구입한다. 비싼 곳으로 가서 같은 품질의 제품을 사는 법은 없다. 같은 품질이면 저가의 상품을 구입한다. 가격 경쟁력은 이제 모든 비즈니스의 관건이다. 현대는 정보 소통이 원활하지 않은 아날로그 시대가 아니다. 디지털 시대이다. 디지털 환경에서는 같은 제품이 가격 경쟁력에 의해서 판매된다. 가격 차이가 크게 날 만큼 품질의 차이를 만들지 못하는 한 높은 가격을 매기면 그 재화와 용역은 소비자들로부터 외면당한다.

그렇다고 해서 저가의 사과가 무조건 좋다는 의미는 아니다. 같은 품질이라면 사과의 경우도 가격 경쟁력이 있어야 한다는 의미이다.

저녁 식사 약속을 깜박 잊고 미리 저녁 식사를 한 B씨. 약속 상대에게 "미안합니다. 제가 깜박하고 저녁 식사를 했습니다. 식사를 하다가 생각나지 뭡니까?"

이 경우 함께 만나 저녁 식사하는 것이 본질이 아닐 수도 있다. 하지만 본질이 아니어도 미안함을 표현하라. 약속이 먼저이지 저녁 식사를 같이 하는 것이 우선은 아니다. 하지만 저녁 시간에 약속을 정하면 일반적으로 저녁 식사를 같이 하는 것으로 인식하는 경우가 많다. 그러므로 본질이 아니어도 미안함을 표현하라. 이것이 마음의 비용을 최소화하는 길이다.

04

사과에는 기술이 있다. 사과를 잘하려면 기술을 알고 익혀라.

사과의 테크닉

04

사과의 테크닉을 익혀라. 그러면 직장에서 살아남을 가능성이 높아진다.
사과의 테크닉을 잘 익히면 직업 생존 지수를 향상시킬 수 있다.

다만 사과의 기술을 응용하는 데에도 개인차가 있음을 명심한다.
어느 기술을 활용하든 자기 스타일에 맞게 활용하라.

영적 지식을 활용하라

01

영적 지식을 활용하라. 사과에는 영적인 힘이 필요하다. 영적 역량을 보여 주어라. 자기가 마음에 오류를 인정함을 알려라.

테드 숀이 어떤 사람인가에 대한 질문이 있다. 그는 잘 연마된 영적 지식을 가진 집단에 속한 직업인이었다. 그는 자기 일에서 영적 지식을 활용할 줄 안 존재였다. 테드 숀은 80세가 넘어서까지 일했다. 그가 영적 지식을 활용해서 일한 흔적이 여기저기에 있다. 그는 타인에게 약간이라도 미안함을 표현할 때는 영적 지식을 활용했다.

'자세를 낮추어라. 세분화된 전문 영적 지식을 활용하라.' 이것은 그가 활용한 영적 기술이다.

테드 숀은 무용을 가르치는 선생님으로서 사람들에게

자기의 영적 지식이 담긴 메시지를 무한정 주었다.

그리하여 테드 숀은 자신이 직업 생존 지수가 높은 존재였다. 테드 숀은 평생을 일하면서 보낸 사람이다. 자기 영역에서 직업 생존 지수를 높게 유지한다는 것은 한 개인에게는 축복이다.

직업 생존 지수란 무엇인가?

영어로 Job Quotient를 직업 생존 지수라고 한다. 여기서는 한마디로 JQ라고 하자. 자기 일에서 오랫동안 일할 수 있는 정도가 직업 생존 지수이다. 이런 직업 생존 지수를 구조조정이 일상화된 현대 사회에서 중요하게 생각하지 않을 수 없다.

K란 가수가 있다. 그에게는 통기타를 배우던 시절이 있었다. 고등학생 시절 주위 사람들은 이런 K를 이해하기 힘들어했다. 1960~1970년대 우리 사회가 어렵던 시절에 그는 친구들과 음악활동을 하면서 지냈다. 당시에는 대중 가수라는 직업이 사람들에게 널리 인식되던 직업은 아니었다. 주위 사람들이 걱정스런 눈으로 그를 바

라보곤 했다. 하지만 이제 그는 직업 생존 지수가 높은 전문 대중 가수가 되었다. 그는 항상 영적 지식을 발휘해서 노래한다. 그의 노래에는 시대의 아픔과 메시지가 담겨 있다.

K는 노래를 가르치면서 연예 활동을 한다. 평생에 걸쳐서 그는 일하게 될 것이다. JQ가 높은 직업인이 된 것이다. 이제 그는 대중가요 가수로 세상 속에서 자기의 이상을 펼쳐 가고 있다.

K는 수입이 변변찮던 시절 동료들과 시장에서 국수를 사먹으며 국물을 더 달라고 해서 허기를 채우면서 음악을 하던 시절이 있었다. 그는 그 시절을 잘 견뎌 냈다.

그가 그런 여건에서도 성공한 가수가 된 것은 자기 오류의 상황에서 항상 영적 지식을 활용했기에 가능했다.

'노래를 통해서 지친 사람들에게 따뜻한 영적 지식을 전하는 것이 그의 이상이다'

영적으로 강해져라. 오류가 있으면 성실히 인정하고 오류 요소를 멀리 하라. 유감 표현을 통해서 오류를 예방하는 효과를 거둘 수 있다. 새로운 질서를 위해서 유감 표현은 필요하다.

영적 지식을 잘 활용하라. 사과를 하면서 영적으로 강한 자아를 가꾸어라. 자녀가 부정 부패 사건에 연루된 한 전직 대통령은 "본인의 불찰로 ~ 이런 일이 생긴 것입니다. 국민들에게 송구스럽습니다."라고 사과했다. 하지만 자기의 영적 지식을 진지하게 활용하지 않고 관료적인 형식에 그친 사과의 말은 국민들 사이에서 별 감동을 이끌어 내지 못했다.

잘 연마된 영적 지식을 활용하라. 그것이 당신의 JQ를 높여 줄 것이다.

오럴 해저드를 억제하라

02

오럴 해저드는 말을 함부로 하는 상태를 말한다. 사과에서 오럴 해저드는 억제되어야 한다. 불필요한 저속 언어를 억제해야 직업 생존 지수를 향상시킬 수 있다.

횡설수설하거나 저속한 언어로 유감 표명을 하면 상대를 자극할 수 있다. 상대를 자극하면 유감 표현의 효과가 반감될 수 있다. 항상 저속한 언어의 사용을 금하라. 이 것이 직업인으로서 성공을 이루는 길이다. 자기 오류가 있는 일에서도 저속 언어로 불평을 말하면 그 사람의 품위는 훼손되기 쉽다.

오럴 해저드에 들어간 사람들은 그들의 상황을 각색한다. 그러다보면 아부꾼이 넘쳐나는 직장이 될 것이다. 정보의 홍수시대에서는 말의 해이현상인 오럴 해저드가 여러 부문에서 등장한다. 관료조직에서도 이런 현상은 폭

넓게 등장할 것이다. 왜 이런 현상이 파생될까? 그 배경을 살펴보자. 이는 어떤 측면에서는 자기의 직업 생존 지수를 무작정 높여 보려는 심리에서 기인한다. 자기 방어를 위해서 직장 조직에서 오럴 해저드 현상이 심화되어 나타나게 된다. 하지만 오럴 해저드 현상이 개인의 진정한 직업 생존 지수를 높여 주지는 못할지도 모른다. JQ는 오히려 더 낮아질 수도 있다. 현대인들은 이 점을 인식하고 일을 시작하는 것이 좋다.

직업 생존 지수를 높이려면 사과의 기술을 잘 익혀서 행해야 한다. 인생은 생방송이다. 따라서 사과를 할 때는 기술을 활용하고, 그 시기를 놓치지 말아야 한다. 그러기 위해서는 사과의 기술을 적절히 체득해 둬야 한다. 사과의 기술을 잘 익혀 두면 인격적으로 더욱 성숙할 수 있다.

오럴 해저드를 경계하라. 이렇게 되면 문제는 풀린다. 만약 오럴 해저드를 하게 되면 세상의 평가에서 좋은 점수를 받기 어려워진다.

송양지인을 하지 않아야 하는 국면이 있다

03

인정이 필요한 세상이다. 정(情)은 가치가 있는 덕목이다. 하지만 비즈니스에서는 타인에게 불필요하게 정을 주지 말라. 내용에 적합한 사과의 테크닉을 익혀라. 엄격하게 마음을 다스리는 일은 한 개인이 일에서 성공을 만들어 가는데 필요하다.

상대에게 껌을 '질겅질겅' 씹는 모습을 보인 사람은 바로 자기의 잘못을 사과하여야 한다. 상대에게 유쾌하지 못한 모습을 보였기 때문에 그렇다.

베풀지 않아도 될 인정을 베풀다가 손해를 보는 사람이 있다. 이런 사람들의 행태를 중국의 고어에서는 송양지인(宋襄之仁)이라고 한다.

유감 표명에서는 함부로 송양지인은 하지 않아야 한

다. 하지만 송양지인의 경우에 몰리는 직장인들이 가끔 있다. 엄격한 마음의 법칙을 적용하지 못하는데서 오는 오류가 원인 중의 하나이다.

회사에서 유감을 표명할 때에는 엄격한 마음의 법칙을 적용하라.

개인의 JQ는 유지 방식이 제각각 다르다. 시대적 여건의 변화에 의해서 달라질 수도 있다. 지난 경력이 치환되어 새로운 JQ 향상 요인으로 등장할 수도 있다.

영국에는 특수 부대 출신자들이 많다. 이들은 자기의 JQ를 확대해야 하는 시대의 요청을 받고 있다. 그래서 영국의 한 경호회사가 이들을 일에 활용해서 돈을 벌고 있다. 2003년 시작된 미국과 이라크간의 전쟁 후에 이라크에서의 보디가드 수요가 증가한 데서 기인한 것이다. 이런 현상은 이들의 JQ를 증대시키는 요인이 되고 있는 것이다. 자료에 의하면 140명 이상의 보디가드들이 영국에서 이라크로 일터를 찾아나섰다고 한다. 위험한 상황에서 일해야 하는 여건이기에 이들이 받는 보수는 금액이 많다. 이들에게는 정을 베푸는 현지인들에 대한 불필요한 배려보다는 자신의 기본 임무 수행이 우선이다. 이들이 이라크에서 일하는 동안에는 자신이 더 위험하므로 송양지인의 태도는 필요하지 않을 수도 있다. 오히려 엄격하게 마음을 다스리는 원칙이 필요할 것이다.

제조업에서 성공하기 위해서는 홍보가 중요하다. 하지만 제조업 홍보 전문가의 경우 갈수록 아웃소싱 전문 홍보 회사에서 일자리를 위협하려 들지도 모른다. 그러다 보면 일반 제조업 회사의 홍보 전문가들은 홍보라는 직업을 그대로 유지하되 소속은 지속적으로 바꿔야 할 지도 모른다. 게임 회사의 홍보 스페셜리스트로 업태를 바꾸는 일을 해야 할지도 모른다. 게임 산업은 앞으로 30년 이상 롱런 할 업태 중의 하나이다.

미래의 게임 홍보 전문가는 지나친 사행심을 조장하는 게임을 출시함으로써 회사가 사회적 물의를 일으킨 경우 '사과문' 을 만들어 방송이나 신문 등에 발표해야 할지도 모른다. 이 경우 송양지인의 태도는 금물이다. 사실 자체에만 충실한 문안작성이 필요하다.

감성적 눈빛으로 사과하라

04

감성적 눈빛으로 사과하라. 상대에게 감성적 눈빛을 주어라. 눈으로 사과하는 기술을 구사하라. 그렇게 하려면 상대에게 진지한 시선을 주어라. 그윽한 시선의 청순한 마음으로 사과하라.

눈빛으로 사과하라는 것은 상대와 눈을 맞추라는 것이다. 사과는 기술적인 것이다. 사과를 잘하려면 온몸으로 미안하다는 표시를 해야 한다. 사과는 습관적인 것이다.

"사과는커녕 잘못한 사람이 먼저 삿대질을 합니다. 자기가 골목에서 끼어 들기를 해놓고. 그래서 '그렇게 하면 접촉 사고납니다.' 하면 '뭐야, 이 새끼야!' 하고 먼저 삿대질을 합니다. 손만 들어줘도 될 일을 그렇게 덤비니 세상이 겁이 납니다." 택시 운전 경력 16년인 어떤 사람이 이런 말을 했다.

사과를 하기는커녕 몸으로 항의를 한다는 말이다.

몸으로 사과를 하려면 자신의 손톱만한 잘못부터 인정
하라. 성경에도 자기의 대들보를 보기 전에 남의 눈에 티
끌을 찾지 말라고 했다. 우선 자기의 오류를 먼저 인정해
야 한다. 내 차가 골목길에서 대로로 직진하는 차량을 무
시하고 무리하게 끼어 들기를 했다면 먼저 그것이 잘못
임을 인정해야 한다. 이때는 손을 들어주면 된다. 그러면
사과의 자기 표현이 된다. 상대방은 '그래, 그래도 매너
가 있네'라고 할 것이다.

몸 전체로 사과한다는 것은 바로 그런 것이다. 말로만
끝나는 사과를 하지 말라. 진심으로 자기의 작은 오류를
인정하라.

긴 안목으로 사과하라. 긴 안목으로 보고 그윽한 눈빛
으로 사과하라.

변명은 테크닉이다. 테크닉을 갖고서 변명에 임하라.

자신의 오류를 무시하고 가려는 유혹과 미련을 동시에

멀리 하라. 유혹과 미련을 멀리 하다 보면 긴 안목이 생긴다.

상대에 대한 미안함을 표현하라. 더 나은 단계로의 비약을 위해서 미안함을 표현할 일이 있으면 바로 표현하라.

자신의 작은 오류를 인정하지 않으려는 유혹과 미련이 있어도 미안함을 표시하는 성숙된 자세를 보여라.

감성적 눈빛으로 유감을 표명하라. 상대는 유감 표명을 하는 자리에서는 그 사람의 표정을 읽게 된다. 긴 안목을 가지고 감성적 눈빛으로 상대에게 유감을 표현하라.

비공격적 커뮤니케이션을 하라

05

상대방에게 비공격적으로 사과하라.

자기 주장 훈련이란 말이 있다. 비공격적인 방법으로 자기 주장을 펴는 훈련이다. 자기 주장을 잘 조절하면서 부드럽게 의견을 펴는 테크닉이다. 이런 자기 주장 훈련을 하라. 사과의 테크닉을 함양하는데 도움이 될 것이다. 자기 주장을 덜 공격적인 방법으로 사과하면 상대방은 이전에 섭섭했던 일을 잊고 사과를 받아들일 수 있다. 이런 테크닉은 고도의 훈련을 통해서만 가능하다. 각 부문 운동에서 개혁 요구가 광범위하게 등장하는 여건에서 현대인들은 일하고 있다. 따라서 도전이 거세다.

비공격적 사과는 좋은 커뮤니케이션이다. 사과를 잘하면 커뮤니케이션을 잘하는 직업인이 된다. 사과를 잘하는 부부 사이, 사과를 잘하는 부자 사이는 관계가 서로 원만하다. 사과하지 않도록 처음부터 유의해야 하지만 서로에게 스트레스를 준 일이 조금이라도 있다면 "미안"이란 말을 하라. 그러면 상대방은 이해한다. 이해를 통해서 서로간의 오해는 풀린다.

비공격적인 커뮤니케이션에 관한 자기 훈련을 잘한 사람으로는 간디가 있다. 간디는 인도의 독립을 위해서 일하면서 상대방의 부당한 요구에 대해 비공격적인 방법으로 자기 주장을 펼쳤다. 훈련을 통해서 적극적으로 반대 진영의 논리를 방어하면서도 자신의 뜻을 관철시켰다.

자기 주장을 억제하지 않으면서 부드럽게 펼칠 줄 아는 습관을 길러라. 사과는 사소한 것이지만 큰 이익과 맞닿아 있다.

사과할 일을 사과하지 않고 쌓아두면 인간 소외를 불러 올 수 있다. 인간 소외 상황이 생기지 않도록 하기 위해서는 작은 오류도 비공격적인 방법으로 사과하고 지나가라. 비공격적 자기 주장 훈련의 테크닉을 활용해 가며 사과하라.

비공격적인 변명은 사람의 마음을 겸손하게 한다. 변화 관리를 잘하려면 자신에게 크게 오류가 없어도 참으로 구차한 변명을 할 수 있어야 한다. 그래야 큰그릇으로 거듭날 수 있다. 직장에서는 자기 뜻대로 이루어지는 일이 많지 않다는 점을 알아야 한다.

유행과 기교를 배제하고 단순한 우아미를 잘 연출한 조르지오 아르마니는 원래 의학도였다. 하지만 자기의 진로를 바꾸기 위해서 참으로 구차한 변명을 하면서 패션 디자이너의 길로 접어든다. 그리고 패션 디자이너로서 마침내 글로벌 시장에서 자신의 목표를 달성했다.

조르지오 아르마니 패션처럼 비공격적 커뮤니케이션 기법으로 단순하고 우아하게 사과하라.

경위를 집중적으로 설명하라

06

"이거 밤 늦게 전화하게 되어 미안합니다. 저 ○○입니다. 하지만 어쩝니까? 반드시 전화할 일이 있어서 그랬습니다. 제가 알고 싶은 것은 당신이 김해 김씨인가요, 경주 김씨인가요?"

위의 예문에서는 바쁜 일도 아닌데, 다음날 낮에 전화해도 되는 일을 저녁 늦게 전화하면서 미안하다는 말을 남발하고 있다.

또한 한밤중의 전화는 합당한 경위가 아니다. 합당한 경위를 자세히 설명하라. 그렇게 되면 상대는 오해 요소를 스스로 풀 수 있다. 일이 그렇게 진행된 과정을 경위라고 한다. 일의 전개 과정을 설명하면서 사과하라. 그렇지 않으면 일의 경위를 알 수가 없다. 그렇게 되면 커뮤니케이션 갈등이 쌓인다.

개인이 일터에서 영적 성장을 하는 것은 중요한 의미가 있다. 사과를 통해서 개인은 성장 동기를 찾게 된다. 합당한 경위 설명이 있는 사과를 하면 자기의 부족한 점을 느끼게 될 것이기에 그렇다.

종종 이런 일이 있다. 검토 시간을 주지 않고 상사에게 결제를 재촉하는 경우이다. 이런 경우 상사는 마지못해 결제를 해준다. 하지만 마음은 편치 않다. 이런 경우에 부하 직원은 상사에게 사과를 하는 것이 좋다. 냉각기간 없이 사과하라. 냉각기간을 갖게 되면 서로 어색해진다. 냉각기간 없이 사과할 줄 아는 것도 사과의 기술이다. 그렇게 하려면 다음 몇 가지를 하라.

첫째, 경위를 설명한다. 시간이 촉박해서 그랬다고 사과하라.

둘째, 죄송하다고 말한다.

셋째, 상사가 자세히 검토하지 못한 서류를 한 부 카피해서 상사에게 제공하라. 이렇게 함으로써 오해가 풀릴 수 있다. 여기서 냉각기간을 가져서는 안 된다. 냉각기간 없이 사과하라. 그것이 덜 무례한 직장인으로 자기 이미지를 심는데 도움이 된다. 물론 사과하지 않아도 상사들은 이런 경우를 이해한다. 그렇지만 마음이 개운하지가 않다. 앞으로는 구체적인 검토 없이 이런 결제 재촉 상황을 용납하지 않을 것이다. 확고하게 검토한 후 결제하려 들 것이다. 그렇게 하면 서로 서먹해진다. 사과는 자기 일의 미비점을 이런 측면에서 보완해 준다.

아닌 밤중에 홍두깨식 행정에 황당해 했던 기억이 있을 것이다.

A씨는 자기 집 앞 도로를 예고도 없이 공사하는 행정 관청의 일처리에 대하여 항의를 한 적이 있다. 행정 관청에서는 A씨에게 다음과 같이 정중하게 공식 사과문을 보냈다.

"미리 알리지 못한 점을 용서 바랍니다. 이번에 연말 준비로 지나치게 업무가 폭주해서 미리 알려 드리지 못한 점을 넓은 도량으로 양지해 주시기 바랍니다."

"한가한 시간을 헛되이 안 보내면 큰 쓸모가 있다."는 『채근담』의 이야기가 있다. 『채근담』의 이런 뜻을 조금만 생각했어도 행정관청의 예고 없는 공사로 인한 이런 황당함은 생기지 않았을 것이다.

조직도, 개인도 시간 여유를 갖고 일하지 않으면 미안하다고 사과해야 할 일이 생길 수밖에 없다.

폴리그래프 기법을 활용하라

07

  폴리그래프 현상은 어떤 자극으로 정서적 변화가 나타나는 것을 말한다. 이런 폴리그래프 기법을 활용해서 사과하라. 유감 표명은 상대의 마음을 달래주는 과정이다. 그러므로 정서에 호소해야 한다. 사실을 중시하되, 정서에도 호소해야 한다. 그래서 폴리그래프 기법이 필요한 것이다. 유감 표명을 효율적으로 하려면 정서 변화를 기대하면서 해야 한다.

  "이번의 일을 통해서 다소 스트레스를 받았겠습니다. 너그럽게 이해해 주시면 고맙겠습니다. 저의 미흡함이 주된 요인이었습니다."

  사과의 폴리그래프(apology polygraph)를 생각하라. 사과를 하면 상대방의 정서적 뇌파에 영향을 준다. 정서에

수반해서 근육 긴장도가 다르게 나타난다. 여기에서 '사과 후 나타나는 정서적 변화 측정 기제를 사과 폴리그래프'라고 한다. 사과 후 나타나는 정서적 변화를 항상 생각하라. 사과 내용의 가치 평가를 통해서 개인별로 사과 폴리그래프는 다르게 나타난다.

폴리그래프를 활용하려면 다양한 사과 매체를 활용하는 것이 좋다. 문자 메시지, 이메일 등의 기법이 여기에 속한다. 이 경우는 미안함의 표현 내용을 상대방이 가볍게 여기고 넘어가지 않도록 유의할 필요가 있다.

사과의 기술은 다양하다. 만약 모임 중간에 나와야 한다면 "파티 중간에 나와서 죄송합니다. 선약된 가족 모임 때문에 불가피하게 나올 수밖에 없었습니다." 등의 문자 메시지를 보내라. 이 한 문장으로 자신이 모임 중간에 나옴을 사과하라. 그러면 다시 그런 유형의 파티에 초청 받게 될 것이다.

전화하라. 전화해서 상대의 마음을 달래 주어라. 만나서 사과하기 전에 미리 미안한 마음이 담긴 전화를 해주면 그것으로 서로간에 오해가 많이 없어질 수 있다. 음성을 통해서 자기의 미숙함을 알려라. 결코 인간은 누구도 일을 완벽하게 잘할 수 없다는 것을 인정하라. 이것이 자기 일의 영역에서 성공으로 가는 열쇠이다.

아름다운 모습을 연출하라

08

아름다움을 연출하라. 아름다운 정경을 유감 표명의 현장에서 연출하라. 그러면 서로에게 이익이 된다. 유감 표명은 상대방에게 일방적으로 밀리는 게임이 아니다. 서로가 서로를 따뜻하게 감싸는 현장이다. 유감 표명은 서로의 아름다운 태도를 고양하기 위한 비즈니스 예절이다. 부부간 또는 부자간에도 서로의 오류를 인정하는 것이 좋다. 그래야 관계가 아름다워질 수 있다.

사과에서 미학을 고려하라. 서로 보기 좋게 사과하라. 굴종적인 사과는 하지 말라. 원-원(win-win)의 사과를 하라.

미인으로 태어나기 위해 정성을 쏟는 것처럼 사과하라. 미인은 자연 미인일수록 좋을지 모른다. 다만 자연 미인이라도 분위기가 문제가 된다. 사과할 일을 사과하지 않으면 분위기가 가라앉는다. 진정한 미인이 되려면 사과의 매너와 테크닉을 익혀야 한다. 물론 성형을 해서 미인이 되는 길도 있다. 하지만 성형 미인이라도 사과의 테크닉을 배워야 한다.

사과는 마음의 겸손을 가져온다.

세상에서 회자되는 말 중에 "성형을 해서 미인이 되지 못하면 성형인이라고 한다. 그러나 성형 수술을 해서 미인이 되면 성형 미인이다."라는 말이 있다

어떤 사람들은 성형인이 될까 봐서 고치도 싶어도 못 고친다는 사람이 있다. 하지만 20대, 30대들은 용기를 가지고 고친다. "코끝만 살짝 고쳐도 팔자가 달라질 텐데."라면서 고친다. 성형에 대한 열풍은 직장인들 사이에서도 불고 있다. "얼마나 고쳤길래…. 자기가 입사 당시의 정말 자기와 맞아."라는 웃지 못할 말들이 돌기도 할까?

자본주의에서 경쟁은 필수 과목이다. 이런 필수 과목에서 성형이 유행인 형국이다.

한 직장에서 성형인이 될 것인가, 성형 미인이 될 것인가, 아니면 자연 미인이 될 것인가를 선택해야 하는 모습은 현대 직장의 처절한 모습이다. 그렇다고 모든 직장이 그렇다는 것은 아니다. 일부에서 벌어지고 있는 일들이지만 점점 대중화되고 있다는 점이 문제이다. 고대 그리스에서는 풍만함이 여성의 아름다움으로 평가되었다. 현대 사회에서는 적은 체중에, 선이 분명한 여성을 미인으로 평가한다.

성형인이든 성형 미인이든 이것들은 다 여성들에게 스트레스가 아닐 수 없을 것이다. 초등학교 시절부터 성형을 생각한다는 말을 들으면 마음이 씁쓸해진다. 부모로부터 타고난 대로 사회가 받아 주는 환경이 유지되기를 기대한다면 뒤 처진 생각일까?

능력 중심의 직업 여건을 만들려면 성형 미인을 좋아하는 풍토를 혁파해 가야 한다. 직무를 수행할 역량을 평가해서 사원을 채용하기보다 외모를 중심으로 한 자본주의를 내세워서 인재를 채용하려는 풍토를 혁파하지 않고는 능력 중심 사회는 아직 멀기만 하다.

더 이상 뷰티 캐피털리즘(beauty capitalism)을 부추기지 말아야 하는 것이 아닌가? 미모(美貌) 자본주의가 심화된다면 누가 지적 능력을 갖추기 위해서 노력하겠는가?

성형을 하는 것은 개인의 자유이다. 누가 누구보고 성형을 하라, 하지 말아라 강요할 수는 없다. 다양성이 강화된 이 나라에서 능력이 있지만 성형 미인이라고 해서 불이익을 줄 수는 없다. 하지만 세상을 순수한 시각으로 바라보고 성장해야 할 초등학생들까지 성형 미인을 꿈꾼다는 것이 과연 바람직한 현상일까?

성형 미인이라도 마음의 자세가 중요하다. 미스코리아 콘테스트에서는 겸손한 태도를 평가한다. 성형 미인이든, 자연 미인이든 겸손을 배우려면 생활에서 자기의 오류에 대하여 사과하는 행위를 보여 가며 나아가야 한다.

미인으로 태어나기 위해서는 자신의 작은 오류라도 정직하게 인정하는 태도가 필요하다.

사과는 미학을 추구하는 행태로 하라. 서로 아름답게 보이도록 사과의 장소를 순조롭게, 무난하게 연출하라.

미학적인 사과를 통해서 서로의 관계가 더 멋을 갖고 멋을 나누는 사이로 나아가게 하라.

세상을 미학적으로 통찰하는 방법을 선택하여 사과하라. 본질을 들여다보는 사과를 하라. 본질을 보는 상황에서 미안함을 말하라.

포기하지 말라. 반성의 기회를 포기하지 말라. 포기하지 말고 미안함을 표현하는 광장으로 나오라. 그렇게 하여 미안함의 요소를 털라. 이를 위해서는 통찰력 있는 자기 언행에의 접근이 필요하다. 통찰력을 갖고서 자기 언행을 바라보라. 타인에게 불편을 준 적은 없나를 보라.

순결하고 정돈된 자아를 위해서 노력하라. 미안함의 표현을 통해서 정돈된 자아를 만들어 갈 수 있다.

부드럽고 온유한 음식이 사람의 몸과 마음을 다듬어 주듯이 적절한 시기에 미안함의 표현을 잘하면 자아는 아름답게 다듬어진다. 성형 미인이라도, 자연 미인이라도 자기 오류 앞에서 순결하고 정돈된 자아 가꾸기에 소홀하면 진정한 아름다움을 갖기 힘들어진다.

가치를 지향하라

⋮

09

가치 지향적인 유감 표명을 하라. 유감 표명으로 새로운 가치를 지향할 수 있는 기회에 더 가까이 가라.

2003년 가을, 이탈리아에서 있었던 일이다. 이탈리아에서는 핵발전소 건설 반대 시위가 한창이었다. 섬세한 감성을 지닌 이탈리아 남성들에게도 핵발전소 건설은 초미의 관심사이었다. 이들이 핵발전소 건설을 반대한 이유는 핵 없는 세상을 건설하자는 이탈리아인 나름의 가치 지향이 있었다고 할 수 있다.

성공적인 사과는 가치 지향적으로 되어야 한다.

가치 지향의 태도는 인간 행동의 추동의 원천이 된다. 성숙을 지향하는 인간 행위의 추동의 원천은 건전한 가치관 추구에 힘입은 바 크다.

낡은 체제는 고쳐야 한다. 하지만 이 일은 생각만큼 쉽지 않다. 만약 낡은 체제로 인하여 상대방에게 불편을 줬다면 미안함을 표현해야 한다. 비판할 것은 비판하라. 그래야 미안함의 논리 구조를 이끌어 낼 수 있다.

보다 높은 차원의 친절을 위해서 미안함의 구조를 제대로 찾아내야 한다. 비판할 것은 비판하되, 비판의 대상이 된 일 속의 논리 구조를 수용할 가치가 있는가 보라. 만약 수용 가치가 있으면 수용하라.

사과는 가치 지향적으로 해야 한다. 가치를 새롭게 만들기 위해서 사과하라. 가치를 지향하는 사과는 미래를 열어 가는 동인이 된다. 사과를 통해서 미래의 지평을 열 수 있다. 미래를 열려면 사과 후에도 자기의 소원을 포기하지 말라. 사과는 자기 소원을 그대로 가져가는 방식으로 하라. 하지만 상대방의 오해는 분명히 풀어 주는 방향으로 하라. 단지 잘못을 인정하는 것이 사과이다. 자기의 소원마저 포기하는 것이 사과는 아니다.

천민 자본주의와 성장 지상주의 같은 이기적인 삶이

있나를 돌아 보라. 이런 삶이 있었다면 미안해하라. 스스
로 미안하게 생각하라. 자기 내면의 모순을 찾아라.

사과를 하는 다음 단계에서는 결코 진보에 대해 맹목
적으로 믿지 말라.
개인은 직장에서 일하고 체험을 하는 가운데 감정 현
상에 놓이게 된다. 감정의 변화 속에서 가치를 지향하고
감정 현상을 분석하여 활용하라.

05

심리 샤워를 하라. 심리 샤워는 필요하다. 심리 샤워를 통해서
자아는 성장한다. 심리 샤워를 하라. 그러면 필요할 때마다 상대
방에게 효율성 높은 사과를 할 수 있다.

심리 샤워

05

심리 테크닉을 활용하라. 심리 테크닉을 통해서 사과의 효율성을 향상시켜라. 사과는 새 힘을 얻는 시작이어야 한다.

불리한 여건에서도
유감 표현은 하라

01

상대의 인격을 존중하라. 사과에서 상대방의 인격을 존중하는 문구를 활용하라. 인격은 누구나 가지고 있는 것이다.

차량을 운행하다가 바빠서 불가피하게 앞지르기를 하게 되면 반드시 손을 들어 주어라. 그러면 상대방의 불쾌한 마음이 누그러질 수 있다.

상대에 대한 배려심으로 미안함을 표현하라.

사과를 할 때는 성숙한 인격을 지향하라.

사과를 해야 하는 불리한 여건에서도 타인의 심리를 존중하라. 그러면 언젠가는 보다 유리한 입장에 설 수 있다. 사과는 유리한 위치에서만 하는 것은 아니다. 하지만 사과를 남발해서는 안 된다. 사과의 구조 조정을 하라. 개인에게 소비의 구조 조정이 필요하듯이 사과의 구조 조정을 하라. 사과의 구조 조정은 상대방의 심리를 존중하는 데서 시작하라. 화가 난 상대방의 심리를 읽어라. 그것이 사과의 효율성을 위한 기초가 된다. 한직으로 밀려났더라도 즐겁게 일하라. 당신이 지금 일하는 것이 행복 그 자체라는 생각을 하라. 지금 그 직무에서 일하는 것이 기적이라는 생각을 하라. 이런 생각을 하면 한직에서도 불평을 할 수 없다. 한직에서도 최선을 다하라. 그러면 반드시 기회가 온다. 일을 돈을 벌기 위한 수단으로만 보지 말라.

불리한 여건에서도 성숙한 인격을 지향하는 태도를 발휘하는 사람이 일에서 인생을 즐길 수 있다.

직관력을 연출하라

02

　직관의 시인 김영랑은 걷다가도 새싹이 돋는 나무가 보이면 그 자리에 서서 시를 구상했다. 그래서 그의 시는 역동적이다. 자연에의 외경이 담겨 있다. 김영랑은 그런 시인이었다.

　직관을 갖고서 미안함을 표현하라. 직관을 발휘하면 부드러움을 연출하게 된다. 직관을 잘 발휘하면 자기 오류를 정서적으로 잘 읽을 수 있다. 직관은 갈고 다듬을 수 있다.

　심리를 자기 전체에 적셔라. 이것이 심리 샤워이다. 심리를 창고에 가두지 말라. 심리 샤워에는 직관이 필요하다. 직관으로 샤워를 하라. 직관을 활용해서 일하라. 직관을 통해서 개인은 세상의 여러 이치에 더 가까이 갈 수 있다. 직관을 활용하라. 사과를 하는데는 직관이 필요하다.

어떠한 대상의 직접적인 파악, 직접적인 인식 방식을 직관이라고 한다. 직관(直觀)에 의한 사과는 필요하다. 직관적 사과의 기술을 익혀라. 직접 부딪치면서 오류를 느끼면 바로 사과하라.

일에서 직관적으로 체험하는 사소한 오류가 발견되면 캐나다 사람들은 자주 "I am sorry."를 말한다.

하루에 사과의 심리기술을 한 가지씩 배워 기억하라.

사과의 심리 샤워를 하면서 오류를 인정하는 사람은 성취를 이룬다. 항상 배운 것을 기억하고 적용하라. 몸에 배일 때까지 반복하라.

"남자는 술로 인생을 이야기하고, 여자는 술로 스트레스를 해소한다."는 말이 있다. 술자리에서 사과하는 사람들이 많다. 특히 직장인들은 더욱 그렇다.

술은 사람과 떼어내기 어려운 것인 모양이다. 술을 마시면서 인터뷰를 하는 회사들이 늘고 있다. 술을 마시면서 응시자들의 주량을 평가하려는 경향마저 보이고 있다. 술 마시는 매너를 보면 그 사람의 성격을 알 수 있다고 한다. 어느 경영자는 "술을 못 마시는 사람은 채용하지 않는다."고까지 했다.

일하면서 술을 마시는 광경은 영화나 드라마에서 자주 보게 된다. 술은 긴장을 풀어 준다. 술은 흥이 나게 한다. 사람들은 흔히 "술을 잘 마시는 상사를 만나라. 그러면 일하기가 쉬워진다."고 말한다. 직장에서 술을 자주 마시는 상황이 전개되는 직무가 있다. 홍보, 마케팅, 광고 회사 AE, 바이어 상담 등 종류가 다양하다. 술을 마시면서 비즈니스를 해야 하는 직종은 그럴 만도 하다고 생각된다. 술 마시는 것을 테스팅 하는 '주류 인터뷰'는 면접 스트레스를 자연스럽게 최소화하는 과정이 될 수 있다.

주류 인터뷰를 하는 진짜 이유는 다른 데 있는지도 모른다. 술 마시는 태도를 통해 자기의 오류를 스스로 인정할 줄 알고 겸양의 태도를 지닌 인재인가를 알기 위함인지도 모른다.

리비도를 절제하라

03

리비도는 욕구라고 해석된다. 리비도(ribido)라는 말은 성적 욕구를 일으키는 모든 에너지를 말한다. 이 말은 프로이드가 한 말이다. 사람들은 다양한 욕구를 지니고 있다. 이런 리비도를 절제하라. 리비도를 절제할수록 원하는 자아를 만들 수 있다. 욕구를 절제하여 미안함을 표현하라. 이때 말을 너무 많이 하지 않아야 한다. 욕구를 절제하라. 그러면서 상대방이 말하는 사람의 겸손한 태도를 알게 하라.

욕구는 역사를 만든다. 하지만 욕구는 지난 역사에서의 문제를 노정하기도 했다. 욕구의 지나침은 로마제국의 말기 문화에서 볼 수 있다. 웅장한 건축물, 호화로움을 자랑하는 귀부인의 의상이 로마의 욕구를 드러낸다. 이런 욕구가 지나쳐 로마는 쇠락한다.

욕구를 향한 인간의 투쟁은 여러 행태로 나타난다. 석유 자원 지배 패권주의 때문에 파생된 반이슬람 물결도 그 중의 하나인지 모른다. 욕구는 지구촌에서 새로운 문제를 야기한다. 욕구는 인류를 새로움의 여건으로 인도한다. "인도에는 차가 다니는 길이 없다. 인도라는 나라에는 차도가 없다. 사람 다니는 길만 있을 뿐이다. 그래서 인도다."라는 조크가 있다.

인도라는 나라에 왜 차도가 없겠는가? 하지만 조크에는 이런 유형도 있다. 인간들의 조크를 향한 욕구는 코미디를 만든다. 코미디 작가, 코미디 연출가, 코미디언이란 직업을 파생시킨다. 욕구는 역사의 원천이다.

다양성 인정을

다양한 욕구를 충족시켜 주려면 먼저 사람들의

다양성을 인정하라.

자기 오류를 인정한 후 사과를 할 때도

다양한 스펙트럼으로 사과하라.

개인의 다양성을 존중하라. 그러면 당신은 다양한 리비도를

지닌 사람들의 사과 받고 싶은 욕구를 충족시켜 줄 수 있다.

지적 충격술

04

지적 흐름을 적용하라. 상대에게 새로운 지식으로 접근하라. 자기의 새로운 지식을 활용해서 미안함을 표현하라.

사과에서 지적 흐름의 줄기가 발현되게 하라. 지적으로 사과하면 서로 배우는 기회가 될 것이다. 지식을 다양하게 활용하라. 사과도 능력이다.

사과에는 상대방의 심리 변화를 목표로 해야 할 가치가 있다. 다양한 사과의 심리기술 바탕에 애정이 깔려 있다면 효율적이다. 감정을 상하게 하는 사과기술은 피하라.

상대의 감정을 상하지 않게 하려면 어떻게 사과할까?

첫째, 지적 충격술을 활용하라. 변명을 하되 새로운 지식을 가미해서 사과하라. 그렇게 되면 상대방은 지적 충격을 받게 된다. 이런 지적 충격술은 그 인재가 그런 수준의 능력을 갖고 있는 존재였구나. 결코 나를 무시할 그런 수준의 존재가 아니었구나 하는 인식을 갖게 해줄 것이다.

둘째, 차별적 통계술을 활용하라. 사과에서 통계적 방법을 구사하라. "송구스럽습니다만 제가 지난번 미팅에서 상무님께 그런 의견을 밝힌 것은 ○○ 배경과 ○○ 통계를 접한 이유 때문이었습니다. 이해해 주시기 바랍니다. 결과적으로 심려를 끼친 것 같습니다."

이런 유형의 차별적 통계술을 활용하라. 그러면 회의에서 대리가 상무 앞에서 다른 견해를 당당하게 밝혀 상무를 화나게 한 이유를 조금이라도 인지하고 오해를 풀게 될 것이다.

환상을 갖지 말라

05

    화려한 환상은 지양하라. 사과를 하면서 화려한 환상을 갖지 말라. 세상을 환상적인 공간으로만 보아서는 안 된다. 이를 위해서는 자신의 지성을 성찰하라. 세상을 순진하게만 보지 말라. 미안함을 표현할 때도 화려한 환상을 갖지 말라. 미안함의 표현은 적기에 해야 한다. 자기 마음의 균형 추를 위해서도 미안함의 표현은 필요하다. 하지만 상대방이 쉽게 화를 풀 것이라는 생각을 갖지 말라. 미안함의 표현 그 자체에 충실하라. 그렇게 하면 상대방이 나의 진실을 알아주는 시기가 온다. 설령 상대방이 나의 진실을 알아주는 시기가 안 와도 미안함 표현은 그 자체로 의미가 있다.

    지성 성찰에 모든 사고(思考) 행위가 종속되는 것이라

고 하는 것을 지성주의라고 한다. 미안함 표현에서는 이런 지성주의를 지양하라. 일 속에서 지나친 지성주의는 사과할 일 앞에서 주춤거리게 만든다. 사과는 지성적인 행위이지만 반드시 그런 것만은 아니다.

예를 들어 새벽에 무심코 켠 TV의 소리가 너무 커서 아내의 새벽잠을 깨운 경우 아내에게 "잠을 깨워서 미안하오." 하고 말 한마디 건네주는 행위는 지성주의적 행위는 아니다.

미안함을 표현할 때 지나친 지성주의는 피하라. 미안함은 감성적으로도, 이성적으로도 제때 표현할 줄 알아야 한다. 사과라는 말은 관계 지향적인 언어이다. 관계 지향적으로 생활하고 싶다면 미안하다는 말을 자주 하라. 직업 세계에서는 이권을 추구하는 일이 많다. 그래서 이권(利權)이 서로 상충되는 현장이 존재한다. 여기서 미안함의 여건이 발생한다. 미안함이라는 말은 관계 지향적인 무드를 연출한다. 관계 지향적인 존재로 성장하고 싶다면 미안하다는 말을 즐겨 하라. 미안이란 말을 더 자주 활용할수록 관계 지향의 범위는 넓어진다.

어느 국가에서 소득 분배 정책이 결과적으로 불공평하였다면, 특히 소득세에서 잘못 기획된 세율로 인해서 이런 오류가 가속화되었다면 소득세법을 고치면서 앞으로를 위해서 국민들에게 제대로 된 사과를 할 수 있어야 한다. 미안함 표현을 통해서 다시는 그런 공정하지 못한 정책을 억제할 수 있다. 미안함 표현을 통해서 역사는 더욱 진보할 수 있다.

인격간의 만남이 사과이다. 심리 샤워를 통한 진정한 사과를 통해서 인간은 거듭난다. 새로움을 향해서 나아가려면 오류를 되돌아 보라. 새로운 상호 호혜 관계를 만드는 사과기술을 길러라. 그것은 순전히 당신의 의지에 달린 것이다.

좋은 사과기술은 습관이다. 과학적인 사과기술은 실천이다. 가정에서, 직장에서 현명한 사과기술을 통해 개인의 능력과 인격은 성장한다. 좋은 사과기술은 인간 성장의 필수 영양소이다. 좋은 사과 매너는 당신의 습관으로부터 나온다.

가림출판사 · 가림M&B · 가림Let's에서 나온 책들

문 학

바늘구멍
켄 폴리트 지음 / 홍영의 옮김 / 신국판 / 342쪽 / 5,300원

레베카의 열쇠
켄 폴리트 지음 / 손연숙 옮김 / 신국판 / 492쪽 / 6,800원

암병선
니시무라 쥬코 지음 / 홍영의 옮김
신국판 / 300쪽 / 4,800원

첫키스한 얘기 말해도 될까
김정미 외 7명 지음 / 신국판 / 228쪽 / 4,000원

사미인곡 上·中·下
김충호 지음 / 신국판 / 각 권 5,000원

이내의 끝자리
박수완 스님 지음 / 국판변형 / 132쪽 / 3,000원

너는 왜 나에게 다가서야 했는지
김충호 지음 / 국판변형 / 124쪽 / 3,000원

세계의 명언
편집부 엮음 / 신국판 / 322쪽 / 5,000원

여자가 알아야 할 101가지 지혜
제인 아서 엮음 / 지창국 옮김 / 4×6판 / 132쪽 / 5,000원

현명한 사람이 읽는 지혜로운 이야기
이정민 엮 / 신국판 / 236쪽 / 6,500원

성공적인 표정이 당신을 바꾼다
마츠오 도오루 지음 / 홍영의 옮김
신국판 / 240쪽 / 7,500원

태양의 법
오오카와 류우호오 지음 / 민병수 옮김
신국판 / 246쪽 / 8,500원

영원의 법
오오카와 류우호오 지음 / 민병수 옮김
신국판 / 240쪽 / 8,000원

석가의 본심
오오카와 류우호오 지음 / 민병수 옮김
석가모니의 사고방식을 현대인들에 맞게 써 현대인들이 친근하게 석가모니에게 다가설 수 있게 한 불교 가이드서. 신국판 / 246쪽 / 10,000원

옛 사람들의 재치와 웃음
강형중 · 김경익 편저 / 신국판 / 316쪽 / 8,000원

지혜의 쉼터
쇼펜하우어 지음 / 김충호 엮음
4×6판 양장본 / 160쪽 / 4,300원

헤세가 너에게
헤르만 헤세 지음 / 홍영의 엮음
4×6판 양장본 / 144쪽 / 4,500원

사랑보다 소중한 삶의 의미
크리슈나무르티 지음 / 최윤영 엮음
신국판 / 180쪽 / 4,000원

장자-어찌하여 알 속에 털이 있다 하는가
홍영의 엮음 / 4×6판 / 180쪽 / 4,000원

논어-배우고 때로 익히면 즐겁지 아니한가
신도회 엮음 / 4×6판 / 180쪽 / 4,000원

맹자-가까이 있는데 어찌 먼 데서 구하려 하는가
홍영의 엮음 / 4×6판 / 180쪽 / 4,000원

아름다운 세상을 만드는 **사랑의 메시지 365**
DuMont monte Verlag 엮음 / 정성호 옮김
독일에서 출간 이후 1백만 권 이상 판매된 베스트셀러. 특별히 소중한 사람을 행복하게 만드는 독창적인 사랑 고백법 365가지를 수록한 마음이 따뜻해지는 책.
4×6판 변형 양장본 / 240쪽 / 8,000원

황금의 법
오오카와 류우호오 지음 / 민병수 옮김
불법진리의 연구 및 공부를 통하여 종교적 깨달음의 깊이를 더해 주는 불서. 신국판 / 320쪽 / 12,000원

왜 여자는 바람을 피우는가?
기젤라 룬테 지음 / 김현성 · 진정미 옮김
각계 각층의 여자들과의 인터뷰를 바탕으로 하여 여자들이 바람 피우는 이유를 진솔하게 해부한 여성 탐구서. 국판 / 200쪽 / 7,000원

건 강

식초건강요법
건강식품연구회 엮음 / 신재용(해성한의원 원장) 감수
가장 쉽게 구할 수 있고 경제적인 식품이면서 상상할 수 없을 정도로 뛰어난 약효를 지닌 식초의 모든 것을 담은 건강지침서! 신국판 / 224쪽 / 6,000원

아름다운 피부미용법

이순희(한독피부미용학원 원장) 지음
피부조직에 대한 기초 이론과 우리 몸의 생리를 알려
줌으로써 아름다운 피부, 젊은 피부를 오래 유지할 수
있는 비결 제시! 신국판 / 296쪽 / 6,000원

버섯건강요법

김병각 외 6명 지음
종양 억제율 100%에 가까운 96.7%를 나타내는 기적의
약용버섯 등 신비의 버섯을 통하여 암을 치료하고 비
만, 당뇨, 고혈압, 동맥경화 등 각종 성인병 예방을 위
한 생활 건강 지침서! 신국판 / 286쪽 / 8,000원

성인병과 암을 정복하는 유기게르마늄

이상현 편저 / 쿄오 샤오이 감수
최근 들어 각광을 받고 있는 새로운 치료제인 유기게
르마늄을 통한 성인병, 각종 암의 치료에 대해 상세히
소개. 신국판 / 312쪽 / 9,000원

난치성 피부병

생약효소연구원 지음
현대의학으로도 치유불가능했던 난치성 피부병인 건
선·아토피(태열)의 완치요법이 수록된 건강 지침서.
신국판 / 232쪽 / 7,500원

新 방약합편

정도명 편역
자신의 병을 알고 증세에 맞춰 스스로 처방을 할 수 있
고 조제할 수 있는 보약 506가지 수록.
신국판 / 416쪽 / 15,000원

자연치료의학

오홍근(신경정신과 의학박사·자연의학박사) 지음
대한민국 최초의 자연의학박사가 밝힌 신비의 자연치
료의학으로 자연산물을 이용하여 부작용 없이 치료하
는 건강 생활 비법 공개!! 신국판 / 472쪽 / 15,000원

약초의 활용과 가정한방

이인성 지음
주변의 흔한 식물과 약초를 활용하여 각종 질병을 간
편하게 예방·치료할 수 있는 비법제시.
신국판 / 384쪽 / 8,500원

역전의학

이시하라 유미 지음 / 유태종 감수
일반상식으로 알고 있는 건강상식에 대해 전혀 새로운
관점에서 비판하고 아울러 새로운 방법들을 제시한 건
강 혁명 서적!! 신국판 / 286쪽 / 8,500원

이순희식 순수피부미용법

이순희(한독피부미용학원 원장) 지음
자신의 피부에 맞는 관리법으로 스스로 피부관리를 할
수 있는 방법을 제시하고 책 속 부록으로 천연팩 재료
사전과 피부 타입별 팩 고르기. 신국판 / 304쪽 / 7,000원

21세기 당뇨병 예방과 치료법

이현철(연세대 의대 내과 교수) 지음
세계 최초 유전자 치료법을 개발한 저자가 당뇨병과
대항하여 가장 확실하게 이길 수 있는 당뇨병에 대한
올바른 이론과 발병시 대처 방법을 상세히 수록!

신국판 / 360쪽 / 9,500원

신재용의 민의학 동의보감

신재용(해성한의원 원장) 지음
주변의 흔한 먹거리를 이용하여 신비의 명약이나 보약
으로 활용할 수 있는 건강 지침서로서 저자가 TV나 라
디오에서 다 밝히지 못한 한방 및 민간요법까지 상세
히 수록!!
신국판 / 476쪽 / 10,000원

치매 알면 치매 이긴다

배오성(백상한방병원 원장) 지음
B.O.S.요법으로 뇌세포의 기능을 활성화시키고 엔돌핀
의 분비효과를 극대화시켜 증상에 맞는 한약 처방을
병행하여 치매를 치유하는 획기적인 치유법 제시.
신국판 / 312쪽 / 10,000원

21세기 건강혁명 밥상 위의 보약 생식

최경순 지음
항암식품으로, 다이어트식으로, 젊고 탄력적인 피부를
유지할 수 있게 해주는 자연식으로의 생식을 소개하여
현대인들의 건강 길라잡이가 되도록 하였다.
신국판 / 348쪽 / 9,800원

기치유와 기공수련

윤한홍(기치유 연구회 회장) 지음
누구나 노력만 하면 개발할 수 있고 활용할 수 있는 기
수련 방법과 기치유 개발 방법 소개.
신국판 / 340쪽 / 12,000원

만병의 근원 스트레스 원인과 퇴치

김지혁(김지혁한의원 원장) 지음
만병의 근원인 스트레스를 속속들이 파헤치고 예방법
까지 속시원하게 제시!! 신국판 / 324쪽 / 9,500원

김종성 박사의 뇌졸중 119

김종성 지음
우리나라 사망원인 1위. 뇌졸중 분야의 최고 권위자인
저자가 일상생활에서의 건강관리부터 환자간호에 이
르기까지 뇌졸중의 예방, 치료법 등 모든 것 수록.
신국판 / 356쪽 / 12,000원

탈모 예방과 모발 클리닉

장정훈·전재홍 지음
미용적인 측면과 우리가 일상적으로 고민하고 궁금해
하는 털에 관한 내용들을 다양하고 재미있게 예들을
들어가면서 흥미롭게 풀어간 것이 이 책의 특징.
신국판 / 252쪽 / 8,000원

구태규의 100% 성공 다이어트

구태규 지음
하이틴 영화배우의 다이어트 체험서.
저자만의 다이어트법을 제시하면서 바람직한 다이어
트에 대해서도 알려준다. 건강하게 날씬해지고 싶은
사람들을 위한 필독서! 4×6배판 변형 / 240쪽 / 9,900원

암 예방과 치료법

이춘기 지음
암환자와 가족들을 위해서 암의 치료방법에서부터 합
병증의 예방 및 암이 생기기 전에 알 수 있는 방법에

이르기까지 상세하게 해설해 놓은 책.
신국판 / 296쪽 / 11,000원

알기 쉬운 위장병 예방과 치료법
민영일 지음
소화기관인 위와 관련 기관들의 여러 질환을 발병 원인, 증상, 치료법을 중심으로 알기 쉽게 해설해 놓은 건강서. 신국판 / 328쪽 / 9,900원

이온 체내혁명
노보루 야마노이 지음 / 김병관 옮김
새로운 건강관리 이론으로 주목을 받고 있는 음이온을 통해 건강을 돌볼 수 있는 방법 제시.
신국판 / 272쪽 / 9,500원

어혈과 사혈요법
정지천 지음
침과 부항요법 등을 사용하여 모든 질병을 다스릴 수 방법과 우리 주변에서 흔하게 접할 수 있는 각 질병의 상황별 처치를 혈자리 그림과 함께 해설.
신국판 / 308쪽 / 12,000원

약손 경락마사지로 건강미인 만들기
고정환 지음
경락과 민족 고유의 정신 약손을 결합시킨 약손 성형 경락 마사지로 수술하지 않고도 자신이 원하는 부위를 고치는 방법을 제시하는 건강 미용서.
4×6배판 변형 / 284쪽 / 15,000원

정유정의 LOVE DIET
정유정 지음
널리 알려진 온갖 다이어트 방법으로 살을 빼려고 노력했던 저자의 고통스러웠던 다이어트 체험담이 실려 있어 지금 살 때문에 고민하는 사람들이 가슴에 와 닿는 나만의 다이어트 계획을 나름대로 세울 수 있을 것이다.
4×6배판 변형 / 196쪽 / 10,500원

머리에서 발끝까지 예뻐지는 부분다이어트
신상만 · 김선민 지음
한약을 먹거나 침을 맞아 살을 빼는 방법, 아로마요법을 이용한 다이어트법, 운동을 이용한 부분비만 해소법 등이 실려 있으므로 나에게 맞는 방법을 선택해 날씬하고 예쁜 몸매를 만들 수 있을 것이다.
4×6배판 변형 / 196쪽 / 11,000원

알기 쉬운 심장병 119
박승정 지음
서울아산병원 심장 내과에 있는 저자가 심장병에 관해 심장질환이 생기는 원인, 증상, 치료법을 중심으로 내용을 상세하게 해설해 놓은 건강서.
신국판 / 248쪽 / 9,000원

알기 쉬운 고혈압 119
이정균 지음
생활 속의 고혈압에 관해 일반인들이 관심을 가지고 예방할 수 있도록 고혈압의 원인, 증상, 합병증 등을 상세하게 해설해 놓은 건강서. 신국판 / 304쪽 / 10,000원

여성을 위한 부인과질환의 예방과 치료
차선희 지음
남들에게는 말할 수 없는 증상들로 고민하고 있는 여

성들을 위해 부인암, 골다공증, 빈혈 등 부인과질환을 원인 및 치료방법을 중심으로 설명한 여성건강 정보서. 신국판 / 304쪽 / 10,000원

알기 쉬운 아토피 119
이승규 · 임승엽 · 김문호 · 안유일 지음
감기처럼 흔하지만 암만큼 무서운 아토피 피부염의 원인에서부터 증상, 치료방법, 임상사례, 민간요법을 적용한 환자들의 경험담 등 수록. 신국판 / 232쪽 / 9,500원

120세에 도전한다
이권행 지음
아프지 않고 건강하게 오래 살기를 바라는 현대인들에게 우리 체질에 맞는 식생활습관, 심신 활동, 생활습관, 체질별 · 나이별 양생법을 소개. 장수하고픈 독자들의 궁금증을 풀어줄 것이다. 신국판 / 308쪽 / 11,000원

건강과 아름다움을 만드는 요가
정관식 · 노진이 지음
책을 보고서 집에서 혼자서도 할 수 있는 요가법 수록. 각종 질병에 따른 요가 수정체조법도 담았으며, 별책 부록으로 한눈에 보는 요가 차트 수록.
4×6배판 변형 / 224쪽 / 14,000원

우리 아이 건강하고 아름다운 롱다리 만들기
김성훈 지음
키 작은 우리 아이를 롱다리로 만드는 비법공개. 식사습관과 생활습관만의 변화로도 키를 크게 할 수 있으므로 키 작은 자녀를 둔 부모의 고민을 해결해 준다.
대국전판 / 236쪽 / 10,500원

교 육

우리 교육의 창조적 백색혁명
원상기 지음
자라나는 새싹들이 기본적인 지식과 사고를 종합적 · 창조적으로 발전시켜 창조적인 사고능력을 배양할 수 있도록 한 교육지침서. 신국판 / 206쪽 / 6,000원

현대생활과 체육
조창남 외 5명 공저
각종 현대병의 원인과 예방 및 운동요법에 대한 이론과 요즘 각광받는 골프 · 스키 · 볼링 등의 레저스포츠 총망라한 생활체육 총서. 신국판 / 340쪽 / 10,000원

퍼펙트 MBA
IAE유학네트 지음
기존의 관련 도서들과는 달리 Top MBA로 가는 길을 상세하고 완벽하게 수록. 가장 완벽하고 충실한 최신 정보 제공. 신국판 / 400쪽 / 12,000원

유학길라잡이 Ⅰ -미국편
IAE유학네트 지음
미국의 교육제도 및 유학을 가기 위해서 준비해야 할 절차, 미국 현지 생활 정보, 최신 비자정보 등을 한눈

에 볼 수 있는 유학길잡이.　4×6배판 / 372쪽 / 13,900원

유학길라잡이 Ⅱ - 4개국편
IAE유학네트 지음
영어권 국가인 영국 · 캐나다 · 호주 · 뉴질랜드의 현지
정보 · 교육제도 및 각 국가별 학교의 특화된 교육내용
완전 수록!!　4×6배판 / 348쪽 / 13,900원

조기유학길라잡이.com
IAE유학네트 지음
영어권으로 나이 어린 자녀를 유학보내기 위해 준비중
인 학부모 및 준비생들이 반드시 읽어야 할 필독서!!
영어권 나라의 교육제도 및 학교별 데이터를 완벽하게
수록하여 유학정보서의 질을 한 단계 상승시킨 결정
판!!　4×6배판 / 428쪽 / 15,000원

현대인의 건강생활
박상호 외 5명 공저
현대인들의 건강한 삶을 위한 사회체육의 중요성을 강
조. 건강과 체력 증진을 위한 기본상식, 노인과 건강
등 이론과 스쿼시 · 스키 · 윈드 서핑 등 레저스포츠 등
의 실기편으로 이루어진 알찬 내용 수록.
4×6배판 / 268쪽 / 15,000원

천재아이로 키우는 두뇌훈련
나카마츠 요시로 지음 / 민병수 옮김
머리가 좋은 아이로 키우기 위한 환경 만들기, 식사,
운동 등 연령별 두뇌 훈련법 소개.
국판 / 288쪽 / 9,500원

테마별 고사성어로 익히는 한자
김경익 지음
세글자, 네글자로 이루어진 고사성어를 통해 실용한자
를 익히고 성어 속에 담긴 의미도 오늘에 맞게 재해석
해보는 한자 학습서.　4×6배판 변형 / 248쪽 / 9,800원

生생 공부비법
이은승 지음
국내 최초 수학과외 수출의 주인공 이은승이 개발한
자기만의 맞춤식 공부학습법 소개. 공부도 하는 법을
알면 목표를 달성할 수 있다고 용기를 북돋우어 주는
실전 공부 비법서.　신국판 변형 / 272쪽 / 9,500원

취미 · 실용

김진국과 같이 배우는 와인의 세계
김진국 지음
포도주 역사에서 분류, 원료 포도의 종류와 재배, 양
조 · 숙성 · 저장, 시음법, 어울리는 요리와 와인의 유
통과 소비, 와인 시장의 현황과 전망, 와인 판매 요령,
와인의 보관과 재고의 회전, '와인 양조 비밀의 모든
것'을 동영상으로 제작한 CD까지, 와인의 모든 것이
담긴 종합학습서.
국배판 변형 양장본(올 컬러판) / 208쪽 / 30,000원

경제 · 경영

CEO가 될 수 있는 성공법칙 101가지
김승룡 편역
또 한 번의 경제위기를 겪고 있는 우리의 현실을 극복
하고 일어설 수 있는 리더로서의 역할과 책임에 대한
명확한 해답을 제시해줄 것이다.
신국판 / 320쪽 / 9,500원

정보소프트
김승룡 지음
홍수처럼 쏟아지는 정보를 수집 · 분석하여 효과적으
로 활용하는 방법을 총망라한 정보 전략 완벽 가이드!!
신국판 / 324쪽 / 6,000원

기획대사전
다카하시 겐코 지음 / 홍영의 옮김
기획에 관련된 모든 사항을 실례와 도표를 통하여 초
보자에서 프로기획맨에 이르기까지 효율적으로 활용
할 수 있도록 체계적으로 총망라하였다.
신국판 / 552쪽 / 19,500원

맨손창업 · 맞춤창업 BEST 74
양혜숙 지음
창업대행 현장 전문가가 추천하는 유망업종을 7가지 주
제별로 나누어 수록한 맞춤창업서로 창업예비자들에게
창업의 길을 밝혀줄 발로 뛰면서 만든 실무 지침서!!
신국판 / 416쪽 / 12,000원

무자본, 무점포 창업! FAX 한 대면 성공한다
다카시로 고시 지음 / 홍영의 옮김
완벽한 FAX 활용법을 제시하여 가장 적은 자본으로 창
업하려는 예비자들에게 큰 투자를 필요로 하지 않으면
서 성공을 이끌어주는 길라잡이가 되는 실무 지침서.
신국판 / 226쪽 / 7,500원

성공하는 기업의 인간경영
중소기업 노무 연구회 편저 / 홍영의 옮김
무한경쟁시대에서 각 기업들의 다양한 경영 실태 속에
서 인사 · 노무 관리 개선에 있어서 기업의 효율을 높
이고 발전을 이룰 수 있는 원칙을 제시.
신국판 / 368쪽 / 11,000원

21세기 IT가 세계를 지배한다
김광희 지음
21세기 화두로 떠오른 IT혁명의 경쟁력에 대해서 전문
가의 논리적이고 철저한 해설과 더불어 매장 끝까지
실제 사례를 곁들여 설명.　신국판 / 380쪽 / 12,000원

경제기사로 부자아빠 만들기
김기태 · 신현태 · 박근수 공저
날마다 배달되는 경제기사를 꼼꼼히 챙겨보는 사람만
이 현대생활에서 부자가 될 수 있다. 언론인의 현장감
각과 학자의 전문성을 접목시킨 것이 이 책의 특성! 누
구나 이 책을 읽고 경제원리를 체득, 경제예측을 할 수
있게 준비된 생활경제서적.　신국판 / 388쪽 / 12,000원

포스트 PC의 주역 정보가전과 무선인터넷
김광희 지음
포스트 PC의 주역으로 급부상하고 있는 정보가전과 무선인터넷 그리고 이를 구현하기 위한 관련 테크놀러지를 체계적으로 소개. 신국판 / 356쪽 / 12,000원

성공하는 사람들의 마케팅 바이블
채수명 지음
최근의 이론을 보완하여 내놓은 마케팅 관련 실무서. 마케팅의 정보전략, 핵심요소, 컨설팅실무까지 저자의 노하우와 창의적인 이론이 결합된 마케팅서.
신국판 / 328쪽 / 12,000원

느린 비즈니스로 돌아가라
사카모토 게이이치 지음 / 정성호 옮김
미국식 스피드 경영에 익숙해져 현실의 오류를 간과하고 있는 사람들을 위한 어떻게 팔 것인가보다 무엇을 팔 것인가를 차분히 설명하는 마케팅 컨설턴트의 대안 제시서! 신국판 / 276쪽 / 9,000원

적은 돈으로 큰돈 벌 수 있는 부동산 재테크
이원재 지음
700만 원으로 부동산 재테크에 뛰어들어 100배 불린 저자가 부동산 재테크를 계획하고 있는 사람들이 반드시 알아두어야 할 내용을 경험담을 담아 해설해 놓은 경제서. 신국판 / 340쪽 / 12,000원

바이오혁명
이주영 지음
21세기 국가간 경쟁부문으로 새로이 떠오르고 있는 바이오혁명에 관한 기초지식을 언론사에 몸담고 있는 현직 기자가 아주 쉽게 해설해 놓은 바이오 가이드서. 바이오 관련 용어 해설 수록. 신국판 / 328쪽 / 12,000원

두뇌혁명
나카마츠 요시로 지음 / 민병수 옮김
『뇌내혁명』 하루야마 시게오의 추천작!!
어른들을 위한 두뇌 개발서로, 풍요로운 인생을 만들기 위한 '뇌'와 '몸' 자극법 제시.
 4×6판 양장본 / 288쪽 / 12,000원

성공하는 사람들의 자기혁신 경영기술
채수명 지음
자기 계발을 통한 신지식 자기경영마인드를 갖추어야 한다는 전제 아래 그 방법을 자세하게 알려주는 자기 계발 지침서. 신국판 / 344쪽 / 12,000원

CFO
교텐 토요오 · 타하라 오키시 지음 / 민병수 옮김
일반인들에게 생소한 용어인 CFO. 세계화에 발맞추어 기업이 경쟁력을 갖추려면 CFO, 즉 최고 재무책임자의 역할이 지금까지와는 완전히 달라져야 한다. 이에 기업을 이끌어가는 새로운 키잡이로서의 CFO의 역할, 위상 등을 일본의 기업을 중심으로 하여 알아보고 바람직한 방향을 제시한다. 신국판 / 312쪽 / 12,000원

네트워크시대 네트워크마케팅
임동학 지음
학력, 사회적 지위 등에 관계 없이 자신이 노력한 만큼 돈을 벌 수 있는 네트워크마케팅에 관해 알려주는 안

내서. 신국판 / 376쪽 / 12,000원

성공리더의 7가지 조건
다이앤 트레이시 · 윌리엄 모건 지음 / 지창영 옮김
개인과 팀, 조직관계의 개선을 위한 방향제시 및 실천을 위한 안내자 역할을 해주는 책. 현장에서 활용할 수 있는 실용서. 신국판 / 360쪽 / 13,000원

김종결의 성공창업
김종결 지음
누구나 창업을 할 수는 있지만 아무나 돈을 버는 것은 아니다라는 전제 아래 중견 연기자로서, 음식점 사장님으로 성공한 탤런트 김종결의 성공비결을 통해 창업전략과 성공전략을 제시한다. 신국판 / 340쪽 / 12,000원

최적의 타이밍에 내 집 마련하는 기술
이원재 지음
부동산을 통한 재테크의 첫걸음 '내 집 마련'의 결정판. 체계적이고 한눈에 쏙 들어오는 '내 집 장만 과정'을 쉽게 풀어놓은 부동산재테크서.
신국판 / 248쪽 / 10,500원

컨설팅 세일즈 *Consulting sales*
임동학 지음
발로 뛰는 영업이 아니라 머리로 하는 영업이 절실히 요구되는 시대 상황에 맞추어 고객지향의 세일즈, 과제해결 세일즈, 구매자와 공급자 간에 서로 만족하는 세일즈법 제시. 대국전판 / 336쪽 / 13,000원

연봉으로 10억 만들기
김농주 지음
연봉으로 말해지는 임금을 재테크 하여 부자가 될 수 있는 방법 제시. 고액의 연봉을 받기 위해서 개인이 갖추어야 할 실무적 능력, 태도, 마음가짐, 재테크 수단 등을 각 주제에 따라 구체적으로 제시함으로써 부자를 꿈꾸는 사람들이 그 희망을 이룰 수 있게 해준다.
신국판 변형 / 216쪽 / 10,000원

주 식

개미군단 대박맞이 주식투자
홍성걸(한양증권 투자분석팀 팀장) 지음
초보에서 인터넷을 활용한 주식투자까지 필자의 현장에서의 경험을 바탕으로 한 주식 성공전략의 모든 정보 수록. 신국판 / 310쪽 / 9,500원

알고 하자! 돈 되는 주식투자
이길영 외 2명 공저
일본과 미국의 주식시장을 철저한 분석과 데이터화를 통해 한국 주식시장의 투자의 흐름을 파악함으로써 한국 주식시장에서의 확실한 성공전략 제시!!
신국판 / 388쪽 / 12,500원

항상 당하기만 하는 개미들의 매도·매수타이밍 999% 적중 노하우
강경무 지음
승부사를 꿈꾸며 와신상담하는 모든 이들에게 희망의
등불이 될 것을 확신하는 Jusicman이 주식시장에서 돈
벌고 성공할 수 있는 비결 전격공개!!
신국판 / 336쪽 / 12,000원

부자 만들기 주식성공클리닉
이창희 지음
저자의 경험담을 섞어서 주식이란 무엇인가를 풀어서
써놓은 주식입문서. 초보자와 자신을 성찰해볼 기회를
가지려는 기존의 투자자를 위해 태어났다.
신국판 / 372쪽 / 11,500원

선물·옵션 이론과 실전매매
이창희 지음
선물과 옵션시장에서 일반인들이 실패하는 원인을 분
석하고, 반드시 지켜야 할 투자원칙에 따라 유형별로
실전 매매 테크닉을 터득함으로써 투자를 성공적으로
할 수 있게 한 지침서!! 신국판 / 372쪽 / 12,000원

너무나 쉬워 재미있는 주가차트
홍성무 지음
주식시장에서는 차트 분석을 통해 주가를 예측하는 투
자자만이 주식투자에서 성공하므로 차트에서 급소를
신속, 정확하게 뽑아내 매매타이밍을 잡는 방법을 알
려주는 주식투자 지침서. 4×6배판 / 216쪽 / 15,000원

 역 학

역리종합 만세력
정도명 편저
현존하는 만세력 중 최장 기간을 수록하였으며 누구나
이 책을 보고 자신의 사주를 쉽게 찾아보고 맞춰 볼 수
있게 하였다. 신국판 / 532쪽 / 10,500원

작명대전
정보국 지음
독자들 스스로 작명할 수 있도록 한글 소리 발음에 입각한
작명의 원리를 밝힌 길라잡이서.
신국판 / 460쪽 / 12,000원

하락이수 해설
이천교 편저
점서학인 하락이수를 직역으로 풀어 놓아 원작자의 깊
은 뜻을 원형 그대로 전달하고 원문을 공부하려는 사
람들에게 도움이 되는 해설서이다.
신국판 / 620쪽 / 27,000원

현대인의 창조적 관상과 수상
백운산 지음
관상학을 터득하여 적절히 운명에 대처해 나감으로써

어느 분야에서든지 성공적인 삶을 누릴 수 있는 비법
을 전해줄 것이다. 신국판 / 344쪽 / 9,000원

대운용신영부적
정재원 지음
수많은 역사와 신비로운 영험을 지닌 1,000여 종의 부
적과 저자가 수십 년간 연구·개발한 200여 종의 부적
들을 집대성한 국내 최대의 영부적이다.
신국판 양장본 / 750쪽 / 39,000원

사주비결활용법
이세진 지음
컴퓨터와 역학의 만남!! 운명의 숨겨진 비밀을 꿰뚫어
보는 신녹현사주 방정식의 모든 것을 수록.
신국판 / 392쪽 / 12,000원

컴퓨터세대를 위한 新 성명학대전
박용찬 지음
이름 속에 운명을 바꾸는 비결이 있다. 태어난 아기 이
름은 물론 개명·상호·아호 짓는 법까지 사람이 살아
가면서 필요한 모든 이름 짓기가 총망라되어 각자의
개성과 사주에 맞게 이름을 짓는 작명비법을 수록.
신국판 / 388쪽 / 11,000원

길흉화복 꿈풀이 비법
백운산 지음
길몽과 흉몽을 구분하여 그림과 함께 보기 쉽게 엮었
으며, 특히 요즘 신세대 엄마들에게 관심이 많은 태몽
이 여러 가지로 자세하게 풀이되어 있다.
신국판 / 410쪽 / 12,000원

새천년 작명컨설팅
정재원 지음
혼자 배워야 하는 독자들도 정말 이해하기 쉽도록 구
성된 신세대 부모를 위한 쉽고 좋은 아기 이름만들기
의 결정판. 신국판 / 470쪽 / 13,000원

백운산의 신세대 궁합
백운산 지음
남녀궁합 보는 법뿐만 아니라 인간관계, 출세, 재물,
자손문제, 건강문제, 성격, 길흉관계 등을 미리 규명할
수 있도록 쉽게 풀어놓았다. 신국판 / 304쪽 / 9,500원

동자삼 작명학
남시모 지음
최초의 한글 성명학으로 한글의 독창성·우수성·과
학성을 운명철학 차원에서 검증한, 한국사람에게 알맞
은 건물명·상호·물건명 등의 이름을 자신에게 맞는
한글이름으로 지을 수 있는 작명비법을 제시한다.
신국판 / 496쪽 / 15,000원

구성학의 기초
문길여 지음
방위학의 모든 것을 통하여 개인의 일생운·결혼운·
사고운·가정운·부부운·자식운·출세운을 성공적
으로 이끄는 비법 공개. 신국판 / 412쪽 / 12,000원

법률 일반

여성을 위한 성범죄 법률상식
조명원(변호사) 지음
성희롱에서 성폭력범죄까지 여성이었기 때문에 특히 말 못하고 당해야만 했던 이 땅의 여성들을 위한 성범죄 법률상식서. 사례별 법적 대응방법 제시.
신국판 / 248쪽 / 8,000원

아파트 난방비 75% 절감방법
고영근 지음
예비역 공군소장이 잘못 부과된 아파트 난방비를 최고 75%까지 줄일 수 있는 방법을 구체적인 법적 근거를 토대로 작성한 아파트 난방비 절감방법 제시.
신국판 / 238쪽 / 8,000원

일반인이 꼭 알아야 할 절세전략 173선
최성호(공인회계사) 지음
세법을 제대로 알면 돈이 보인다.
현직 공인중계사가 알려주는 합리적으로 세금을 덜 내고 돈을 버는 절세전략의 모든 것!
신국판 / 392쪽 / 12,000원

변호사와 함께하는 부동산 경매
최환주(변호사) 지음
새 상가건물임대차보호법에 따른 권리분석과 채무자나 세입자의 권리방어기법은 제시한다. 또한 새 민사집행법에 따른 각 사례별 해설도 수록.
신국판 / 404쪽 / 13,000원

혼자서 쉽고 빠르게 할 수 있는 소액재판
김재용 · 김종철 공저
나홀로 소액재판을 할 수 있도록 소장작성에서 판결까지의 실제 재판과정을 상세하게 수록하여 이 책 한 권이면 모든 것을 완벽하게 해결할 수 있다.
신국판 / 312쪽 / 9,500원

"술 한 잔 사겠다"는 말에서 찾아보는 채권 · 채무
변환철 지음
일반인들이 꼭 알아야 할 채권 · 채무에 관한 법률 사항을 빠짐없이 수록.   신국판 / 408쪽 / 13,000원

알기쉬운 부동산 세무 길라잡이
이건우 지음
부동산에 관련된 모든 세금을 알기 쉽게 단계별로 해설. 합리적이고 탈세가 아닌 적법한 절세법 제시.
신국판 / 400쪽 / 13,000원

알기쉬운 어음, 수표 길라잡이
변환철(변호사) 지음
어음, 수표의 발행에서부터 도난 또는 분실한 경우의 공시최고와 제권판결에 이르기까지 어음, 수표 관련 법률사항을 쉽고도 상세하게 압축해 놓은 생활법률서.
신국판 / 328쪽 / 11,000원

제조물책임법
강동근 · 윤종성 공저

제품의 설계, 제조, 표시상의 결함으로 소비자가 피해를 입었을 때 제조업자가 배상책임을 져야 하는 제조물책임 시대를 맞아 제조업자가 갖춰야 할 법률적 지식을 조목조목 설명해 놓은 법률서.
신국판 / 368쪽 / 13,000원

알기 쉬운 주5일근무에 따른 임금 · 연봉제 실무
문강분 지음
최근의 행정해석과 판례를 중심으로 임금관련 문제를 정리하고 기업에서 관심이 많은 연봉제 및 성과배분제, 비정규직문제, 여성근로자문제 등의 이슈들과 주40시간제 법개정, 퇴직연금제 도입 등 최근의 법 · 시행령 개정사항을 모두 수록한 임금 · 연봉제실무 지침서. 4×6배판 변형 / 544쪽 / 35,000원

변호사 없이 당당히 이길 수 있는 형사소송
김대환 지음
우리 생활과 함께 숨쉬는 형사법 서식을 구체적인 사례와 함께 소개. 내 손으로 간결하고 명확한 고소장 · 항소장 · 상고장 등 형사소송서식을 작성할 수 있다. 형사소송 관련 서식 CD 수록. 신국판 / 304쪽 / 13,000원

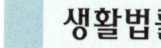

생활법률

부동산 생활법률의 기본지식
대한법률연구회 지음 / 김원중 감수
부동산관련 기초지식과 분쟁해결을 위한 노하우, 테크닉을 제 시하고 권두 특집으로 주택건설종합계획과 부동산 관련 정부주요 시책을 소개하였다.
신국판 / 480쪽 / 12,000원

고소장 · 내용증명 생활법률의 기본지식
하태웅 지음
스스로 고소 · 고발장을 작성할 수 있도록 예문과 서식을 함께 소개. 또 민사소송에 대해서도 자세하게 설명.
신국판 / 440쪽 / 12,000원

노동 관련 생활법률의 기본지식
남동희 지음
4만 여 건 이상의 무료 상담을 계속하고 있는 저자의 상담 사례를 통해 문답식으로 풀어나가는 노동 관련 생활법률 해설의 최신 결정판.
신국판 / 528쪽 / 14,000원

외국인 근로자 생활법률의 기본지식
남동희 지음
외국인 연수협력단의 자문위원으로 오랜 시간 실무를 접했던 저자의 경험을 바탕으로 외국인 근로자의 체류자격 및 취업자격 등 법적 문제와 법률적 지위를 상세하게 다루었다. 신국판 / 400쪽 / 12,000원

계약작성 생활법률의 기본지식
이상도 지음
국민생활과 직결된 계약법의 기초를 이루는 핵심 기본지식을 간단명료한 해설 및 관련 계약서 작성 예문과

함께 제시. 신국판 / 560쪽 / 14,500원

지적재산 생활법률의 기본지식
이상도 · 조의제 공저
현대 산업사회에서 중요시되고 있는 특허, 실용신안, 의장, 상표, 저작권, 컴퓨터프로그램저작권 등 지적재산의 모든 것을 체계화하여 한 권으로 요약하였다.
신국판 / 496쪽 / 14,000원

부당노동행위와 부당해고 생활법률의 기본지식
박영수 지음
노사관계 핵심사항인 부당노동행위와 정리해고 · 징계해고를 중심으로 간단 명료한 해설과 더불어 대법원 판례, 노동위원회에 의한 구제절차, 소송절차 및 노동부 업무처리지침을 소개. 신국판 / 432쪽 / 14,000원

주택 · 상가임대차 생활법률의 기본지식
김운용 지음
전세업자들이 보증금 반환소송이나 민사소송, 경매절차까지의 기본적인 흐름을 알 수 있도록 인터넷을 통한 실제 법률 상담을 전격 수록.
신국판 / 480쪽 / 14,000원

하도급거래 생활법률의 기본지식
김진흥 지음
경제적 약자인 하도급업자를 위하여 하도급거래 관련 필수적인 법률사안들을 쉽게 해설함과 동시에 실무에 필요한 12가지 하도급표준계약서를 소개.
신국판 / 440쪽 / 14,000원

이혼소송과 재산분할 생활법률의 기본지식
박동섭 지음
이혼과 관련하여 해결해야 할 법률문제들을 저자의 실무경험을 바탕으로 명쾌하게 해설하였다. 아울러 약혼이나 사실혼파기로 인한 위자료문제도 함께 다루어 가정문제로 고민하는 사람들에게 길잡이가 되도록 하였다. 신국판 / 460쪽 / 14,000원

부동산등기 생활법률의 기본지식
정상태 지음
등기를 하지 않으면 어떤 위험이 따르고, 등기를 하면 어떤 효력이 생기는가! 등기신청은 어떻게 하며, 필요한 서류는 무엇이고, 등기종류에는 어떤 것들이 있는가 등 부동산등기 전반에 걸쳐 일반인이 꼭 알아야 할 법률상식을 간추려 간단, 명료하게 해설하였다. 신국판 / 456쪽 / 14,000원

기업경영 생활법률의 기본지식
안동섭 지음
사업을 구상하고 있는 사람이나 현재 경영하고 있는 사람 및 관리실무자에게 필요한 법률을 체계적으로 알려주고 관련 법률서식과 서식작성 예문도 함께 소개.
신국판 / 466쪽 / 14,000원

교통사고 생활법률의 기본지식
박정무 · 전병찬 공저
교통사고 당사자가 쉽게 응용할 수 있도록 단계별 해결책을 제시함과 동시에 사고유형별 Q&A를 통하여 상세한 법률자문 역할을 하였다.
신국판 / 480쪽 / 14,000원

소송서식 생활법률의 기본지식
김대환 지음
일상생활과 밀접한 소송서식을 중심으로 소장작성부터 판결을 받을 때까지 그 서식작성요령을 서식마다 항목별로 자세하게 설명하였다.
신국판 / 480쪽 / 14,000원

호적 · 가사소송 생활법률의 기본지식
정주수 지음
개명, 성 · 본 창설, 취적절차 및 법원의 허가 및 판결에 의한 호적정정절차, 친권 · 후견절차, 실종선고 · 부재선고절차에 상세한 해설과 함께 신고서식 작성요령과 구비할 서류 및 재판절차에 대하여 자세히 설명.
신국판 / 516쪽 / 14,000원

상속과 세금 생활법률의 기본지식
박동섭 지음
상속재산분할, 상속회복청구, 유류분반환청구, 상속세 부과처분취소 등 상속관련 사건들을 해결하는 데 도움이 되도록 상속법과 상속세법을 상세하게 함께 수록.
신국판 / 480쪽 / 14,000원

담보 · 보증 생활법률의 기본지식
류창호 지음
살아가다 보면 담보를 제공하거나 보증을 서는 일이 비일비재하다. 이렇게 담보를 제공하거나 보증을 섰는데 문제가 생겼을 때의 해결방법을 법조항 설명과 함께 실례를 실어 알아 본다. 신국판 / 436쪽 / 14,000원

소비자보호 생활법률의 기본지식
김성천 지음
소비자의 권리 실현 보장 관련 법률 및 소비자 파산 문제를 상세한 해설 · 판례와 함께 모두 수록.
신국판 / 504쪽 / 15,000원

처 세

성공적인 삶을 추구하는 여성들에게 우먼파워
조안 커너 · 모이라 레이너 공저 / 지창영 옮김
사회의 여성을 향한 냉대와 편견의 벽을 깨뜨리고 성공적인 삶을 이루려는 여성들이 갖추어야 할 자세 및 삶의 이정표 제시!! 신국판 / 352쪽 / 8,800원

聽 이익이 되는 말 話 손해가 되는 말
우메시마 미요 지음 / 정성호 옮김
직장이나 집안에서 언제나 주고받는 일상의 화제를 모아 실음으로써 대화의 참의미를 깨닫고 비즈니스를 성공적으로 이끌기 위한 대화술을 키우는 방법 제시!!
신국판 / 304쪽 / 9,000원

성공하는 사람들의 화술테크닉
민영욱 지음
개인간의 사적인 대화에서부터 대중을 위한 공적인 강연에 이르기까지 어떻게 말하고 어떻게 스피치를 할 것인가에 관한 지침서. 신국판 / 320쪽 / 9,500원

부자들의 생활습관 가난한 사람들의 생활습관
다케우치 야스오 지음 / 홍영의 옮김
경제학의 발상을 기본으로 하여 사람들이 살아가면서
생활에서 생각해 볼 수 있는 이익을 보는 생활습관과
손해를 보는 생활습관을 수록, 독자 자신에게 맞는 생
활습관의 기본 전략을 설계할 수 있도록 제시.
신국판 / 320쪽 / 9,800원

코끼리 귀를 당긴 원숭이-히딩크식 창의력을 배우자
강충인 지음
코끼리와 원숭이의 우화를 히딩크의 창조적 경영기법
과 리더십에 대비하여 자기혁신, 기업혁신을 꾀하는
창의력 개발법을 제시. 신국판 / 208쪽 / 8,500원

성공하려면 유머와 위트로 무장하라
민영욱 지음
21세기에 들어 새로운 추세를 형성하고 있는 말 잘하
기. 이러한 추세에 맞추어 현재 스피치 강사로 활약하
고 있는 저자가 말을 잘하는 방법과 유머와 위트를 만
들고 즐기는 방법을 제시한다. 신국판 / 292쪽 / 9,500원

등소평의 오뚝이전략
조창남 편저
중국 역사상 정치 · 경제 · 학문 등의 분야에서 최고 위
치에 오른 리더들의 인재활용, 상황 극복법 등 처세 전
략 · 전술을 통해 이 시대의 성공인으로 자리매김하는
해법 제시. 신국판 / 304쪽 / 9,500원

노무현 화술과 화법을 통한 이미지 변화
이현정 지음
현재 불교방송에서 활동하고 있는 이현정 아나운서의
화술 길라잡이서. 노무현 대통령의 독특한 화술과 화
법을 통해 리더로서, 성공인으로서 갖추어야 할 화술
화법을 배우는 화술 실용서. 신국판 / 320쪽 / 10,000원

성공하는 사람들의 토론의 법칙
민영욱 지음
다양한 사람들의 다양한 욕구를 하나로 응집시키는 수
단으로 등장하고 있는 토론에 관해 간단하고 쉽게 제
시한 토론 길라잡이서. 신국판 / 280쪽 / 9,500원

사람은 칭찬을 먹고산다
민영욱 지음
말 한마디에 천냥 빚을 갚는다는 속담이 있다. 현대에
서 성공하는 사람으로 남기 위해서는 남을 칭찬할 줄
도 알아야 한다. 성공하는 사람이 되기 위해서 알아야
할 칭찬 스피치의 기법, 특징 등을 실생활에 적용해 설
명해놓은 성공처세 지침서. 신국판 / 268쪽 / 9,500원

사과의 기술
김농주 지음
미안하다는 말에 인색한 한국인들에게 "I'm sorry."가
성공을 위한 처세 기법으로 다가온다. 직장, 가정 등
다양한 환경에서 사과 한마디의 의미, 기능을 알아보
고 효율성을 가진 사과가 되기 위해 갖추어야 할 조건
을 제시한다. 신국판 변형 양장본 / 200쪽 / 10,000원

명 상

명상으로 얻는 깨달음
달라이 라마 지음 / 지창영 옮김
티베트의 정신적 지도자이자 실질적 지도자인 달라이
라마의 수많은 가르침 가운데 현대인에게 필요해지고
있는 인내에 대한 이야기. 국판 / 320쪽 / 9,000원

어 학

2진법 영어
이상도 지음
2진법 영어의 비결을 통해서 기존 영어학습 방법의 단
점을 말끔히 해소시켜 주는 최초로 공개되는 고효율
영어학습 방법. 적은 시간을 투자하여 영어의 모든 것
을 획기적으로 향상시킬 수 있는 비법을 제시한다.
4×6배판 변형 / 328쪽 / 13,000원

한 방으로 끝내는 영어
고제윤 지음
일상생활에서의 이야기를 바탕으로 하는 영어강의로
영어문법은 재미있고 지루하다고 생각하는 이 땅의 모
든 사람들의 상식을 깨면서 학습 효과를 높이기 위한
공부방법을 제시하는 새로운 영어학습서.
신국판 / 316쪽 / 9,800원

한 방으로 끝내는 영단어
김승엽 지음 / 김수경 · 카렌다 감수
일상생활에서 우리가 무심코 던지는 영어 한마디가 당
신의 영어수준을 드러낸다는 사실을 깨닫게 하는 영어
실용서. 풍부한 예문을 통해 참영어를 배우겠다는 사
람, 무역업이나 관광 안내업에 종사하는 사람, 영어권
나라로 이민을 가려는 사람들에게 많은 도움을 줄 것
이다. 4×6배판 변형 / 236쪽 / 9,800원

해도해도 안 되던 영어회화 하루에 30분씩 90일이면 끝낸다
Carrot Korea 편집부 지음
온라인과 오프라인을 넘나들면서 영어학습자들의 각
광을 받고 있는 린다의 현지 생활 영어 수록. 교과서에
서 배울 수 없었던 생생한 실생활 영어를 90일 학습으
로 모두 끝낼 수 있다. 4×6배판 변형 / 260쪽 / 15,000원

바로 활용할 수 있는 기초생활영어
김수경 지음
다양한 상황에 대처할 수 있도록 인사나 감정 표현, 전
화나 교통, 장소 및 기타 여러 사항에 관한 기초생활영
어를 총망라. 신국판 / 240쪽 / 10,000원

바로 활용할 수 있는 비즈니스영어
김수경 지음
해외 출장시, 외국의 바이어 접견시 기본적으로 사용
할 수 있는 상황별 센텐스를 수록하여 해외 출장 준비

및 외국 바이어 접견을 완벽하게 끝낼 수 있게 했다.
신국판 / 252쪽 / 10,000원

생존영어55
홍일록 지음
살아 있는 영어를 익힐 수 있는 기회 제공. 반드시 알아야 할 핵심 센텐스를 저자가 미국 현지에서 겪었던 황당한 사건들과 함께 수록, 재미도 느낄 수 있다.
신국판 / 224쪽 / 8,500원

필수 여행영어회화
한현숙 지음
해외로 여행을 갔을 때 원어민에게 바로 통할 수 있는 발음 수록. 자신 있고 당당한 자기 표현으로 즐거운 여행을 할 수 있도록 손안의 가이드 역할을 해줄 것이다.
4×6판 변형 / 328쪽 / 7,000원

필수 여행일어회화
윤영자 지음
가깝고도 먼 나라라고 흔히 말해지는 일본을 제대로 알기 위해, 일본을 체험해보기 위해 노력하는 사람들에게 손안의 가이드 역할을 하는 실전 일어회화집. 일어 초보자들을 위한 한글 발음 표기 및 필수 단어 수록. 4×6판 변형 / 264쪽 / 6,500원

스포츠

수열이의 브라질 축구 탐방 삼바 축구, 그들은 강하다
이수열 지음
축구에 대한 관심만으로 각 나라의 축구팀, 특히 브라질 축구팀에 애정을 가지고 브라질 축구팀의 전력 및 각 선수들의 장단점을 나름대로 분석하고 연구하여 자신의 의견을 피력하고 있는 축구 길라잡이서.
신국판 / 280쪽 / 8,500원

마라톤, 그 아름다운 도전을 향하여
빌 로저스 · 프리실라 웰치 · 조 핸더슨 공저 / 오인환 감수 / 지창영 옮김
마라톤에 입문하고자 하는 초보 주자들을 위한 마라톤 가이드서. 올바르게 달리는 법, 음식 조절법, 달리기 전 준비운동, 주자에게 맞는 프로그램 짜기, 부상 예방법을 상세하게 설명하고 있다.
4×6배판 / 320쪽 / 15,000원

레포츠

퍼팅 메커닉
이근택 지음
감각에 의존하는 기존 방식의 퍼팅은 이제 그만!!
저자 특유의 과학적 이론을 신체근육 운동학에 접목시켜 몸의 무리를 최소한으로 덜고 최대한의 정확성과

거리감을 갖게 하는 새로운 퍼팅 메커닉 북.
4×6배판 변형 / 192쪽 / 18,000원

아마골프 가이드
정영호 지음
골프를 처음 시작하는 모든 아마추어 골퍼를 위해 보다 쉽고 빠르게 이해할 수 있도록 내용이 구성된 아마골프 레슨 프로그램서. 4×6배판 변형 / 216쪽 / 12,000원

인라인스케이팅 100%즐기기
임미숙 지음
레저 문화에 새로운 강자로 자리매김하고 있는 인라인 스케이팅을 안전하고 재미있게 즐길 수 있도록 알려주는 인라인 스케이팅 지침서. 각단계별 동작을 한눈에 알아볼 수 있도록 세부 동작별 일러스트 수록.
4×6배판 변형 / 172쪽 / 11,000원

배스낚시 테크닉
이종건 지음
현재 한국배스스쿨에서 강사로 활약하고 있는 아마추어 배스 낚시꾼이 중급 수준의 배스 낚시꾼들이 자신의 실력을 한 단계 업그레이드 시킬 수 있도록 루어의 활용, 응용법 등을 상세하게 해설.
4×6배판 / 440쪽 / 20,000원

나도 디지털 전문가 될 수 있다!!!
이승훈 지음
깜찍한 디자인과 간편하게 휴대할 수 있다는 장점 때문에 새로운 생활필수품으로 자리를 잡아가고 있는 디카 · 디캠을 짧은 시간 안에 쉽게 배울 수 있도록 해놓은 초보자를 위한 디카 · 디캠길라잡이서.
4×6배판 / 320쪽 / 19,200원

스키 100% 즐기기
김동환 지음
스키 인구의 확산 추세에 따라 스키의 기초 이론 및 기본 동작부터 상급의 기술까지 단계별 동작을 전문가의 동작사진을 곁들여 내용 구성.
4×6배판 변형 / 184쪽 / 12,000원

태권도 총론
하웅의 지음
우리의 국기 태권도에 관한 실용 이론서. 지도자가 알아야 할 사항, 태권도장 운영이론, 응급처치법 및 태권도 경기규칙 등 필수 내용만 수록.
4×6배판 / 288쪽 / 15,000원

건강하고 아름다운 동양란 기르기
난마을 지음
동양란 재배의 첫걸음부터 전시회 출품까지 동양란의 모든 것 수록. 동양란의 구조 · 특징 · 종류 · 감상법, 꽃대 관리 · 꽃 피우기 · 발색 요령 등 건강하고 아름다운 동양란 만들기로 구성.
4×6배판 변형 / 184쪽 / 12,000원

인생을 성공으로 이끄는
사과의 기술

2004년 1월 20일 제1판 1쇄 발행

지은이/김농주
펴낸이/강선희
펴낸곳/가림출판사

등록/1992. 10. 6. 제4-191호
주소/서울시 광진구 구의동 57-71 부원빌딩 4층
대표전화/458-6451   팩스/458-6450
홈페이지 http://www.galim.co.kr
e-mail   galim@galim.co.kr

값 10,000원

ISBN 89-7895-157-0 13320

가림출판사 · 가림M&B · 가림Let's의 홈페이지(http://www.galim.co.kr)에 들
어오시면 가림출판사 · 가림M&B · 가림Let's의 신간도서 및 출간 예정 도서를
포함한 모든 책들을 만나실 수 있습니다.
온라인 서점을 통하여 직접 도서 구입도 하실 수 있으며 가림 홈페이지 내에서
전국 대형 서점들의 사이트에 링크하시어 종합 신간 안내 및 각종 도서 정보,
책과 관련된 문화 정보를 받아보실 수 있습니다.
또한 홈페이지 방문시 회원으로 가입하시면 신간 안내 자료를 보내드립니다.